公路施工技术与质量控制研究

范杰林 著

北京工业大学出版社

图书在版编目（CIP）数据

公路施工技术与质量控制研究 / 范杰林著. -- 北京：北京工业大学出版社，2024.12. -- ISBN 978-7-5639-8748-1

Ⅰ．U415.6

中国国家版本馆 CIP 数据核字第 2025N2T184 号

公路施工技术与质量控制研究
GONGLU SHIGONG JISHU YU ZHILIANG KONGZHI YANJIU

著　　者：	范杰林
责任编辑：	邹　怡
封面设计：	知更壹点
出版发行：	北京工业大学出版社
	（北京市朝阳区平乐园 100 号　邮编：100124）
	010-67391722（传真）　bgdcbs@sina.com
经销单位：	全国各地新华书店
承印单位：	三河市南阳印刷有限公司
开　　本：	710 毫米 ×1000 毫米　1/16
印　　张：	9.25
字　　数：	175 千字
版　　次：	2025 年 6 月第 1 版
印　　次：	2025 年 6 月第 1 次印刷
标准书号：	ISBN 978-7-5639-8748-1
定　　价：	45.00 元

版权所有　翻印必究

（如发现印装质量问题，请寄本社发行部调换 010-67391106）

作者简介

范杰林,新疆维吾尔自治区乌鲁木齐市人,高级工程师,毕业于新疆农业大学载用工具运用工程专业,研究生学历。现任职于新疆维吾尔自治区交通运输综合行政执法局工程质量监督执法支队。主要研究方向:公路工程施工技术与质量管理。

前　言

随着城市化进程的加速和区域经济的蓬勃发展，交通基础设施作为连接城市与乡村、促进资源流动与经济发展的重要纽带，其建设质量直接关系国家经济命脉的畅通与民众生活质量的提升。其中，公路作为交通网络中最基础、最广泛的组成部分，对其施工技术与质量控制的研究显得尤为重要。

全书共六章，第一章绪论，主要涵盖公路的发展与组成、公路的分级与标准、公路的施工方法与特点、公路施工的基本程序等内容；第二章公路施工准备，主要涵盖公路施工组织准备、公路施工技术准备、公路施工测量准备、公路施工机械准备、公路施工物资准备等内容；第三章路基施工技术与质量控制，主要涵盖路基工程概述、路基施工基本技术、路基施工质量控制等内容；第四章路面施工技术与质量控制，主要涵盖路面工程概述、路面施工基本技术、路面施工质量控制等内容；第五章桥梁施工技术与质量控制，主要涵盖桥梁工程概述、桥梁施工基本技术、桥梁施工质量控制等内容；第六章隧道施工技术与质量控制，主要涵盖隧道工程概述、隧道施工基本技术、隧道施工质量控制等内容。

为了确保研究内容的丰富性和多样性，作者在编写过程中参考了大量理论与研究文献，在此向涉及的专家、学者表示衷心的感谢。公路施工技术与质量控制研究是一项具有深远意义的工作，它需要我们不断探索、勇于创新，以科技为引领，以质量为根本，共同推动公路工程建设事业的高质量发展。

最后，限于作者水平，加之时间仓促，本书难免存在一些不足之处，在此，恳请同行专家和读者朋友批评指正！

范杰林
2024 年 3 月

目 录

第一章 绪论 ··· 1
   第一节 公路的发展与组成 ·· 1
   第二节 公路的分级与标准 ·· 5
   第三节 公路施工方法与特点 ··· 6
   第四节 公路施工的基本程序 ··· 8

第二章 公路施工准备 ·· 15
   第一节 公路施工组织准备 ·· 15
   第二节 公路施工技术准备 ·· 24
   第三节 公路施工测量准备 ·· 25
   第四节 公路施工机械准备 ·· 30
   第五节 公路施工物资准备 ·· 35

第三章 路基施工技术与质量控制 ··· 40
   第一节 路基工程概述 ·· 40
   第二节 路基施工基本技术 ·· 44
   第三节 路基施工质量控制 ·· 59

第四章 路面施工技术与质量控制 ··· 68
   第一节 路面工程概述 ·· 68
   第二节 路面施工基本技术 ·· 72
   第三节 路面施工质量控制 ·· 76

1

第五章 桥梁施工技术与质量控制 ·········· 86
第一节 桥梁工程概述 ·········· 86
第二节 桥梁施工基本技术 ·········· 91
第三节 桥梁施工质量控制 ·········· 99

第六章 隧道施工技术与质量控制 ·········· 109
第一节 隧道工程概述 ·········· 109
第二节 隧道施工基本技术 ·········· 114
第三节 隧道施工质量控制 ·········· 129

参考文献 ·········· 139

第一章 绪论

第一节 公路的发展与组成

一、公路的历史演变

（一）公路的起源

公路的起源可以追溯到人类文明的初始时期。随着原始社会的发展和部落间交往的日益频繁，人们开始有意识地在经常往来的路线上踩出一条条小路。这些原始的道路大多依附于自然地形，顺山就势，虽然路况简陋，但对于促进部落间的交流和贸易起到了重要作用。

随着农耕文明的兴起和国家政权的建立，交通运输在社会经济生活中的地位日益凸显。统治者意识到，为了巩固政权，实施有效治理，必须修建便捷的交通线路，加强中央与地方的联系。因此，这一时期出现了一批有计划、有组织的道路修建工程。以中国古代为例，早在商周时期就已经形成了以都城为中心、连接四方的道路网络。这些道路不仅促进了王朝的管理和税赋的征收，也为不同地区间的物资交流提供了便利。

古代道路建设的另一个重要动因是军事需求。在战火频仍的年代，道路的通达性直接关系军队的机动力和后勤保障能力。修筑军用道路成为许多王朝的重要举措。秦始皇灭六国，建立秦朝后，设置驰道，修筑直道，将各地连为一体，极大加强了中央集权。古罗马帝国更是以其密如蛛网的道路系统著称于世。全盛时期，古罗马修建了巨大的道路网，其中著名的阿比亚大道笔直而宽阔，沿途设有车站、旅店等配套设施，堪称古代道路建设的典范。这张道路网不仅为古罗马军队的行动提供了便利，也成为古罗马文明扩张的重要载体。

古代道路的修建离不开先进的工程技术。为了适应不同的地形条件和使用需求，古人在道路修筑上进行了诸多创新。他们因地制宜地采用砌石、夯土、铺砂等工艺，并发明了一系列工程构造，如桥梁、涵洞、隧道等。以中国古代的驰道为例，它采用中间高、两边低的断面设计，形如城墙，便于快速行进。两侧还设有排水沟渠，保证路面干燥平整。印加帝国修建的安第斯山地道路更是以其独特的路基结构和精湛的石砌技艺而闻名于世。这些卓越的工程实践不仅推动了交通事业的发展，也在人类文明史上留下了浓墨重彩的一笔。

（二）公路的发展

19世纪初，人类社会步入工业化时代，科学技术迅猛发展，现代文明的进程不断加快。在这一背景下，公路作为一种重要的交通基础设施，在促进经济发展、推动社会进步方面发挥着日益突出的作用。公路建设与发展也因此进入了一个全新的阶段，呈现出许多新的特点。

规模化建设是近代公路发展的一大亮点。随着工业革命的深入推进，人类社会对交通运输的需求不断增长。货物运输、人员出行对公路的通行能力提出了更高需求。为了适应这一需求，各国纷纷加大公路建设投入，兴建大规模的公路网络。规模化建设极大地扩大了公路的覆盖范围，提升了公路的通行能力，为工业化时代的经济腾飞提供了有力支撑。

标准化管理是近代公路发展的另一个重要特征。为了保障公路质量，提高公路使用效率，各国开始建立起系统、完善的公路管理体系。制定统一的公路建设标准，对公路的路面宽度、坡度、转弯半径等技术参数做出明确规定。标准化管理有效提升了公路工程质量，延长了公路使用寿命，为公路的可持续发展奠定了制度基础。

技术革新是推动近代公路发展的重要动力。19世纪，随着冶金、机械等工业部门的进步，公路建设技术取得了长足发展。碎石路面铺设法极大地提高了公路的平整度和耐久性。沥青路面进一步改善了公路品质。蒸汽压路机、机动推土机的出现，则使得公路施工效率大幅提升。一系列技术革新为公路建设插上了腾飞的翅膀，推动公路事业迈上新的台阶。

此外，近代公路的发展还体现在功能的多样化上。随着社会经济的进步，人们对公路的需求日益多元化，公路开始承担起更加广泛的功能。除了满足基本的交通运输需求，公路还逐渐成为商业贸易、文化交流的重要载体。公路功能的拓展反映了近代社会的发展和进步，标志着公路在人类文明进程中的地位日益凸显。

近代公路的快速发展，推动了人类社会的巨大变革。公路网络的不断完善，极大地促进了区域经济的融合，推动了工业化在全球范围内的扩散。标准化的公路管理体系，为公共交通组织奠定了重要的制度基础，推动了交通运输行业的蓬勃发展。公路建设技术的精益求精，极大地提高了公路的质量，创造了更多的社会财富。多样化的公路功能，反映了人类文明的丰富与可能，成为衡量现代化水平的重要标准。

（三）公路的演变

20世纪初，随着汽车工业的迅速发展和机动化交通需求的急剧增长，现代公路建设进入了一个崭新的阶段。在技术层面，新材料、新工艺的应用极大地提升了公路的承载能力和耐久性。例如，沥青混凝土路面的出现，使得公路的平整度和防滑性能得到显著提升；钢筋混凝土、预应力混凝土等技术的引入，则使得桥梁、涵洞等构造物的跨度和稳定性大幅提高。与此同时，公路勘测设计理论日臻成熟，路线选择更加科学合理，路基、路面、排水等设计更加精细完备，公路线形也更加流畅、协调，行车安全性和舒适性不断提升。

在网络布局方面，随着区域经济一体化进程的深入和国家产业布局的优化调整，公路建设呈现出地域差异化趋势。在经济发达地区，高速公路网不断完善，互联互通，极大地促进了生产要素的自由流动和产业的优化配置。而在偏远山区等欠发达地区，农村公路建设力度不断加大，通村、通乡、通组公路基本实现全覆盖，有力地改善了农村的生产、生活条件，推动了乡村振兴战略的实施。除此之外，一批重大公路项目的建成通车，如青藏高速公路、西部大开发等，更是推动了区域经济的协调发展，促进了民族团结和国家安全。

在交通治理方面，现代公路的发展也经历了从粗放管理到精细调控的过程。随着交通流量的急剧增长和路网密度的不断提高，传统的交通管理手段已难以适应新形势下的需求。因此，智慧交通、信息化管理等现代化交通治理手段应运而生。通过在重点路段部署交通监控设施，在关键节点设置诱导屏和信息发布系统，动态采集并分析路况信息，交通管理部门能够及时掌握路网运行状况，快速响应突发事件，有效缓解交通拥堵，提高通行效率。而联网收费、不停车收费等技术的应用，也大大提高了通行效率，缓解了收费站堵点的压力。可以预见，随着人工智能、大数据、云计算、车路协同等新兴技术的不断发展，现代公路的智慧化水平必将进一步提升，为公众出行提供更加安全、便捷、高效的服务。

从交通体系的角度来看，现代公路的发展还标志着综合交通运输体系的日益成熟。一方面，纵向上，现代公路与铁路、水运、航空等其他运输方式加强衔接，实现了多式联运、捆绑运输。这种高效、经济、绿色的现代物流组织模式替代了过去单一、分散、低效的运输方式，大幅降低了综合物流成本，提升了运输效率。另一方面，横向上，公路运输与城市交通、物流配送等加强融合，实现了客货运输、城乡物流配送的无缝对接。集疏运体系更加完善，物流全链条组织更加科学，为构建"内畅外通"的综合交通运输体系奠定了坚实基础。

现代公路的快速发展，也带来了一系列新的挑战和问题。交通事故、环境污染、能源消耗等外部性问题日益突出，迫切需要从体制机制、科技创新等方面寻求系统性的解决方案。同时，如何在推动公路提质升级的同时，兼顾发展的公平性和普惠性，让改革发展成果更多、更公平地惠及人民群众，也是一个重大课题。这就要求我们必须坚持以人民为中心的发展思想，以满足人民日益增长的美好生活需要为根本目的，加快构建安全、便捷、高效、绿色、经济的现代综合交通运输体系，更好地服务经济社会发展全局。

二、公路的基本组成部分

（一）路基

路基是公路施工的基础，其质量直接关系公路的使用寿命和行车安全。因此，在公路施工中，路基施工技术和质量控制始终是工程建设的重中之重。

路基的主要作用是支撑路面结构，承受车辆荷载和环境因素的影响，保证路面的平整度和耐久性。

（二）路面

路面是公路的重要组成部分，其质量直接关系行车的安全、舒适和经济。路面的主要作用是支撑车辆荷载，保证行车安全，提供良好的行车条件。为了发挥路面的这些功能，路面必须具备足够的强度、稳定性、平整度、防滑性和耐久性。

（三）附属设施

附属设施是公路工程的重要组成部分，对于保障公路安全、高效运行，提升公路服务水平具有重要意义。附属设施种类繁多，涵盖了安全设施、管理设施、服务设施等多个方面。

第二节　公路的分级与标准

公路作为交通基础设施的重要组成部分，对于国家经济发展、人民生活改善具有重要意义。根据现行的《公路工程技术标准》（JTG B01—2014）和相关法律法规，我国公路按照不同的标准被划分为五个等级：高速公路、一级公路、二级公路、三级公路和四级公路。这些分级不仅基于公路的使用任务、功能和流量，还考虑到了公路的设计、建设及使用年限等多个方面。

一、高速公路

高速公路为公路等级中的最高级别，是专供汽车分方向、分车道行驶，并全部控制出入的多车道公路。高速公路的设计标准非常高，主要连接政治、经济、文化上重要的城市和地区，是国家公路干线网中的骨架。四车道高速公路应能适应将各种汽车折合成小客车的年平均日交通量 25 000～55 000 辆，六车道及以上则更高。高速公路的设计车速一般为 80～120 km/h，使用年限通常为 20 年。

二、一级公路

一级公路是供汽车分方向、分车道行驶，并可根据需要控制出入的多车道公路。它主要连接重要的政治和经济中心，通向重要的工业和矿区。一级公路的设计车速通常为 60～100 km/h，双向机动车道数大于或等于 4 条，并需设置分隔带。四车道一级公路的年平均日交通量为 15 000～30 000 辆小客车，六车道则为 25 000～55 000 辆。具干线功能的一级公路的使用年限同样为 20 年。

三、二级公路

二级公路是供汽车行驶的双车道公路，连接政治、经济中心或大型工矿区等地的干线公路，或运输繁忙的城郊公路。其设计车速为 40～80 km/h，双向机动车道数一般大于或等于 4 条，但也可以是双向二车道。二级公路的年平均日交通量为 5 000～15 000 辆小客车，使用年限为 15 年。

四、三级公路

三级公路是供汽车、非汽车交通混合行驶的双车道公路，主要沟通县及县以上城镇的一般干线公路。其设计车速为 30～40 km/h，双向机动车道数大于或等于 2 条，可设置分隔带。三级公路的年平均日交通量为 2 000～6 000 辆小客车，使用年限为 15 年。

五、四级公路

四级公路是供汽车、非汽车交通混合行驶的双车道或单车道公路，主要沟通县、乡、村等的支线公路。其设计车速一般为 20 km/h，双向机动车道数大于或等于 2 条，不设置分隔带。四级公路的年平均日交通量小于 2000 辆小客车。四级公路的路基宽度根据设计速度有所不同，但通常较窄，以适应乡村地区的交通需求。

公路的分级与标准是根据公路的使用任务、功能和流量等多个因素综合考虑而制定的。不同的公路等级在设计、建设、使用年限等方面有着不同的标准和要求。这些分级和标准的制定，旨在确保公路的安全、顺畅和高效运行，为国家和人民的交通需求提供有力保障。同时，随着经济社会的发展，公路等级和标准的不断完善与提升，也将进一步推动我国交通基础设施的现代化进程。

第三节 公路施工方法与特点

一、施工方法

公路的施工方法主要有人工施工法、简易机械化施工法、机械化施工法、爆破施工法和水力机械化施工法等。

（一）人工施工法

人工施工法是使用手工工具进行公路施工的方法。这种施工方法效率低、劳动强度大，不仅要占用大量的劳动力，而且施工进度慢，工程质量也难以保证。但在山区低等级公路路基工程中，当机械无法进入施工现场或施工场地难以开展机械化作业时，就不可避免地要采用人工施工法。

（二）简易机械化施工法

简易机械化施工法是以人力为主，配以简易机械的公路施工方法。与人工施工法相比较，这种方法能适当地减轻劳动强度，而且可以加快施工进度，提高施工质量。在我国目前的施工生产条件下，特别是山区的一般公路建设中，简易机械化施工仍是一种值得推广的施工方法。

（三）机械化施工法

机械化施工法是使用配套机械，主机配以辅机，相互协调，共同形成主要工序的综合机械化作业的公路施工方法。机械化施工可以极大地提高劳动生产率，减轻劳动强度，显著地加快施工进度，提高工程质量，而且安全程度高，是加速公路工程建设和实现公路施工现代化的根本途径。

（四）爆破施工法

爆破施工法是通过爆破震松岩石、硬土或冻土，开挖路堑或采集石料的施工方法。这种方法是道路施工，特别是山区公路施工不可或缺的重要施工方法。

（五）水力机械化施工法

水力机械化施工法是利用水泵、水枪等水力机械，喷射出强力水流，冲散土层，并流运至指定地点沉积的施工方法。这种方法需要有充足的水源和电源，适于挖掘比较松散的土质和地下钻孔工程。

施工方法的选择，应根据工程性质、工程数量、施工期限以及可能获得的人力和机械设备等条件综合考虑。为了适应中国公路建设标准高和速度快的要求，近年来许多施工单位都先后从国内外购置了大量现代化筑路机械与设备，在高等级公路施工中，基本实现了机械化或半机械化作业，迅速提高了施工质量和劳动效率，大大加快了公路工程建设的步伐。

二、施工特点

（一）公路工程属于线性工程

一般一条公路项目的建设路段少则几千米，多则数十千米、数百千米，路线跨越山川、河谷。路线所经路段难以完全避开不良地质地区，如滑坡、软基、冻土、高填、深挖等路段；在地形复杂的地段，难以避免地要修建大桥、特大桥、隧道、挡墙等结构物。这就使得公路项目建设看似简单，实际上却比一般土木工程项目复杂得多。公路路线所经路段地质特性的多变性，使得公路路基施工复杂性、多变性凸显，结构物的施工也因地质条件的不确定性，经常导致设计变更、工期延长，使进度控制、质量控制、投资控制的难度大大增加。

（二）公路工程项目构成复杂

公路工程项目的单位工程包括：路基土石方工程路面工程、桥梁工程、隧道工程、互通立交工程、沿线设施及交通工程、绿化工程等。各单位工程中的作业内容差异很大，如桥梁工程，随不同的桥型，施工技术差异很大。这也决定了公路工程项目施工的技术复杂性和管理的综合性。

（三）公路工程项目规模庞大

施工过程缓慢，工作面有限，决定了公路工程项目有较长的工期。高速公路的施工工期通常为 2～5 年，工期长意味着在工程建设中面临着更多的不确定因素，承担着更大的风险。

（四）公路工程项目建设投资大

高速公路造价一般为 2000 万～4000 万元 /km，有时甚至更高。工程建设需要的巨额资金能否及时到位，是保障工程能否按期完工的前提。资金投入的多少对于投资活动的成功与否关系重大，同时，在工程建设中要求有高质量的工程管理，以确保项目的工期、投资和质量目标的实现。

第四节 公路施工的基本程序

一、签订工程承包合同

（一）接受施工任务的方式

施工企业接受任务的方式主要有三种。

第一种：上级主管单位统一布置任务，安排计划下达。

第二种：经主管部门同意，自行对外接受任务。

第三种：参加招投标，中标后获得任务。

（二）接受施工任务的要求

查证核实工程项目是否列入国家计划。

工程项目必须有批准的可行性研究初步设计 (或施工图设计) 及工程概 (预) 算文件。

（三）工程承包合同的内容

签订工程承包合同，对工程接受加以肯定。工程承包合同的内容主要包括承包的依据方式、工程范围、工程质量、施工工期、工程造价、技术物资供应、拨款结算方式、奖惩条款等。

二、施工准备阶段

（一）施工图纸审核

施工图纸是工程项目实施的重要依据，其质量直接关系到工程的顺利进行和最终成果。因此，在公路工程正式开工前，必须对施工图纸进行严格、细致的审核，确保其符合工程建设标准、满足设计要求，为施工提供准确、可靠的指导。

施工图纸审核是一项系统性、专业性很强的工作，需要审核人员具备扎实的理论知识和丰富的实践经验。审核内容涵盖了施工图纸的各个方面，包括图纸的完整性、一致性、规范性、可行性等。审核人员要细致检查图纸的编制深度是否满足施工需要，设计方案是否合理可行，技术参数是否准确无误，工程数量是否翔实，以及是否存在漏项、缺项等问题。

在图纸完整性方面，审核人员要重点关注设计文件的组成是否齐全，如设计说明、施工总平面图、平面布置图、纵断面图、横断面图、构造详图等。同时，还要检查各专业图纸之间是否互相配合，衔接是否紧密，有无矛盾或遗漏之处。只有确保图纸的完整性和一致性，才能为施工提供全面、系统的指导。

在设计方案可行性方面，审核人员要评估方案是否符合工程实际情况，考虑施工条件、技术工艺、材料设备等因素对方案实施的影响。如果发现设计不合理或技术难度大、风险高的情况，要及时提出修改意见，优化设计方案。这既是把控工程质量的需要，也是控制施工成本和工期的重要手段。

在技术参数准确性方面，审核人员要对图纸标注的各项数据进行复核，如尺寸标注、高程标注、坐标标注等，确保其准确无误。图纸中的技术参数是指导施工的关键依据，如果出现错误或失准，将直接影响工程质量和施工进度，甚至造成返工、停工等严重后果。因此，参数审核须慎之又慎，绝不能有丝毫马虎。

除上述内容外，审核人员还要高度重视图纸，即施工的可建造性。这就要求审核人员以施工者的视角来审视图纸，评估其是否便于现场施工人员理解和执行。图纸是设计人员与施工人员沟通的桥梁，只有做到图面清晰、表达准确，才能确保设计意图的顺利实现。因此，审核过程中如果发现图面表达含糊不清、易产生歧义的问题，一定要提请设计人员进一步完善。

施工图纸审核是一项烦琐的系统工程，涉及诸多专业和部门的协同配合。为提高审核效率和质量，需要建立健全图纸会审等制度，集中各方力量，充分讨论，优化设计，消除隐患。同时，还要加强对审核人员的培训和考核，提升其专业素质和责任意识。只有从制度、人员等方面系统优化，才能切实发挥施工图纸审核的把关作用。

施工图纸是工程项目的"生命线"，其重要性怎么强调都不为过。加强对施工图纸的审核，不仅是保证工程质量和安全的需要，更关乎工程的社会效益和投资回报。在新时代高质量发展的背景下，工程建设标准和要求日益提高，这就需要我们以更加严谨、负责的态度做好施工图纸审核工作，从源头上夯实工程质量基础，为人民群众提供更加优质、高效的工程产品，促进经济社会持续健康发展。

(二)施工设备准备

施工设备是公路工程得以顺利实施的物质基础，是保证工程进度和质量的重要前提。在施工准备阶段，工程项目部需要根据施工组织设计方案，全面考虑工程特点、施工环境、技术要求等因素，科学合理地配置施工设备。一方面，要优选设备型号与规格。公路施工涉及土方开挖、路基填筑、路面铺设等多个环节，每个环节所需的设备类型、型号、规格都有所不同。项目部要充分了解每台设备的性能参数和适用工况，根据工程量大小、施工工艺特点，优选各类机械设备，确保设备能够满足施工要求，发挥其应有的效能。另一方面，要合理确定配置数量。施工设备的配置数量需要在保证工程进度的同时兼顾经济性。设备数量过少，将导致难以完成预定的施工任务，影响工期；设备配置过剩，又会造成不必要的资源浪费，增加工程成本。项目部要通过工程量计算、施工进度模拟等方法，科学测算各类设备的工作量，在此基础上合理确定配置数量，在进度与成本之间求得平衡。

配备设备只是第一步，为设备创造良好的工作环境同样重要。这就要求项目部高度重视设备的进场道路、存放场地建设。施工设备大多数都体形笨重，运输难度大，因此必须提前修建临时进场道路，并采取有效措施加以保护和维护，确保设备进出顺畅无阻。此外，还应根据设备的特性，建设符合要求的停放车场和存放场地，配备必要的防雨、防尘等设施，避免设备受到雨水冲刷或泥沙侵蚀。在设备使用过程中，还要及时清理工作面的障碍物，平整路基，为设备创造安全、高效的作业条件。日常的设备维护和保养是提高设备使用效率、延长设备使用寿命的关键。项目部要建立完善的设备管理制度，落实专人负责设备的日常维护、保养和检修工作。要定期对设备进行全面体检，对易损、易耗部件实施重点检查，及时排除安全隐患。对于发现问题的部件，要及时组织维修或更换，并做好详细记录，为后续的设备使用和管理提供可靠依据。维修人员要经过专业培训，熟悉设备的结构原理和操作规程，掌握必要的维修技术和工具使用方法。维修人员合理制订设备维修保养计划，根据设备特性、使用频率等因素，确定维修保养周期和内容，坚持预防为主、防治结合的原则，最大限度地减少设备故障的发生。

引进新工艺、新技术，是提高设备施工效率、确保工程质量的重要手段。项目部要密切关注公路施工机械领域的最新进展，主动学习先进的施工工艺和技术，积极引进适用的新型设备。例如，引进 GPS 全球定位系统，可以实现施工设备的三维动态控制，大幅提高路基填筑、路面摊铺的精度和效率；采用无人驾驶技术，可以在恶劣环境下实现设备的远程操控，降低人员现场作业强度，保障施工安全。在设备选型时，既要考虑设备的先进性、实用性，又要兼顾技术成熟度及配套措施的完善性，确保新设备能够在工程中发挥其应有的作用。与此同时，还要通过技术交底、操作培训等方式，提升一线操作人员的技术水平，使其尽快熟悉和掌握新设备的性能特点和操作要领，真正将先进技术转化为生产力。

施工设备管理是一项系统工程，涉及设备选型、配置、维护、使用等多个环节。每个环节都必须严格把关，精心组织，才能确保设备高效运转，满足工程建设需求。在设备选型和配置阶段，要立足工程实际，兼顾质量、进度、成本等多重目标，优选设备型号与规格，合理确定配置数量。在设备使用阶段，要为设备营造良好的工作和存放环境，加强日常维护保养，延长设备使用寿命。要勇于创新，主动引进新工艺、新技术，提高设备施工效率和精度。在设备管理方面，要建章立制，落实责任，实现全过程、多主体参与的精细化管理。只有充分发挥设备在工程建设中的积极作用，才能加快工程进度，确保工程质量，实现公路建设的综合目标。因此，高度重视施工设备准备工作，加强设备全生命周期管理，是公路工程项目部义不容辞的重要职责。

（三）施工人员培训

施工人员培训是保证公路工程质量的关键环节。公路施工是一项复杂的系统工程，涉及路基、路面、桥梁、涵洞、隧道等多个专业，施工工艺繁杂，技术要求严格。施工人员的专业素质和技能水平直接关系到工程的质量。因此，在公路施工准备阶段，必须高度重视对施工人员的培训，采取有效措施，全面提升施工队伍的整体素质。

科学、系统的培训方案是开展施工人员培训的前提。培训方案的制定要立足工程实际，针对不同岗位、不同专业的施工人员，确定差异化的培训目标和内容。例如，对于路基施工人员，应重点培训土石方开挖、回填、压实等技术；对于桥梁施工人员，应重点培训模板工程、钢筋绑扎、混凝土浇筑等工艺。同时，培训方案还应合理安排培训时间、地点、师资等要素，综合考虑施工进度计划、人员轮换等因素。只有制订出切实可行的培训方案，才能保证培训工作有序开展、取得实效。

完善的培训制度是推进施工人员培训的重要保障。培训制度建设要着眼长远，将培训工作纳入公路建设的常态化管理。一方面，要建立健全培训管理体系，明确各级管理人员的培训职责，规范培训流程和标准；另一方面，要完善培训考核评估机制，将培训情况与员工绩效、职务晋升等挂钩，调动员工参训的积极性。与此同时，还应强化培训经费保障，为开展各类培训活动提供必要的物质基础。

只有形成制度化、规范化的培训运行机制，才能为施工人员培训工作提供可持续的保障。

灵活多样的培训形式是增强施工人员培训活动吸引力的有效途径。随着信息技术的飞速发展，网络培训、虚拟仿真等新型培训手段不断涌现。在传统课堂讲授、现场演示的基础上，教师应积极引入这些新技术、新方法，为施工人员提供沉浸式、交互式的学习体验。例如，利用多媒体技术模拟复杂的施工工序，利用虚拟现实技术还原逼真的施工场景，利用在线学习平台实现随时随地的自主学习。与此同时，还可通过组织技能竞赛、经验交流等活动，为施工人员搭建切磋技艺、分享心得的平台。灵活运用多种培训形式，能够充分调动施工人员的学习兴趣，提高培训的针对性和实效性。

注重实践、强化应用是提升施工人员培训质量的关键所在。公路施工人员培训的最终目的是提高一线员工的实际操作能力。因此，在培训过程中，教师务必坚持理论与实践相结合，课堂教学与现场指导并重。培训内容要紧密联系施工生产实际，重点讲解施工操作规程、质量控制要点、安全注意事项等，确保学员所学知识能够"学以致用"。在理论学习的基础上，教师要带领学员深入施工一线，手把手传授实践经验，及时发现并纠正学员在操作中的错误。只有在实践中不断强化知识技能的应用，才能真正提高施工人员的工作能力和水平。

施工人员培训是一项系统工程，需要企业上下的共同重视和持续推进。在培训实施过程中，企业要加强组织领导，建立健全培训管理体系；要创新培训模式，综合运用各种教学手段和方法；要突出实践导向，强化知识技能在生产一线的应用。只有不断优化完善培训工作，才能为打造一支高素质的公路施工队伍提供有力支撑，进而为公路工程质量的提升奠定坚实基础。新时期，面对人才强国、交通强国的战略需求，深化施工人员培训工作，必将为交通运输事业高质量发展贡献更大力量。

三、组织施工

组织施工是确保项目高效、合规推进的关键步骤。在工程项目的实施过程中，组织施工是连接设计与实际建设的重要桥梁，它直接关系工程质量、进度控制及成本管理的成效。以下将围绕"组织施工"的核心环节，结合关键词内容，详细阐述如何有序、高效地推进施工进程。

（一）施工准备与开工报告的提交

施工准备是组织施工的首要任务，它涵盖人员、材料、设备、技术准备等多个方面。在这一阶段,项目团队需确保所有施工人员接受必要的培训,熟悉施工图纸和技术要求;同时,根据施工进度计划,提前采购检验合格的建筑材料,确保施工现场所需机械设备安装调试完毕并处于良好状态。

完成上述准备工作后,项目方需向监理工程师提交详细的开工报告。开工报告应包含项目概况、施工准备情况、施工组织设计、安全环保措施等内容,以全面展示项目已具备的开工条件。监理工程师在审核无误并确认项目符合相关法律法规及合同要求后批准开工,这标志着项目正式进入施工阶段。

(二)遵循施工顺序与既定方法

在施工过程中,严格遵循施工顺序和施工组织设计中拟定的施工方法至关重要。这不仅有助于确保工程质量的稳定性,还能有效避免资源的浪费和安全事故的发生。项目团队应根据项目特点,合理安排施工流水作业,确保各道工序之间的有效衔接和合理交叉。

同时,项目团队应注重采用先进的施工工艺和技术手段,如建筑信息模型(building information modeling,BIM)技术、预制装配技术等,以提高施工效率和精度。对于关键工序和复杂节点,应制订专项施工方案,并进行技术交底和安全教育,确保施工人员明确任务要求,掌握操作要领。

(三)组织施工应具备的文件体系

完善的文件体系是组织施工不可或缺的基础。以下文件对于指导施工、确保合规性具有重要意义。

①设计文件:作为施工的蓝本,设计文件详细规定了工程的结构形式、尺寸规格、材料要求等关键信息,是施工的重要依据。

②施工规范和技术操作规程:明确了施工过程中应遵循的技术标准和操作流程,是确保施工质量和安全的重要保障。

③各种定额:包括人工、材料、机械台班等定额,为成本控制和预算编制提供了依据。

④施工图预算:基于设计文件编制的预算文件,用于指导施工过程中的费用控制。

⑤施工组织设计:全面规划了施工全过程的组织安排、资源配置、进度计划等,是指导施工的核心文件。

⑥公路工程质量检验评定标准和施工验收规范:明确了工程质量检验的标准和验收的程序,是确保工程质量达标的关键文件。

四、竣工验收

竣工验收作为项目生命周期中至关重要的一环，不仅标志着项目从建设阶段向使用阶段的顺利过渡，更是对工程质量、安全性能及符合设计要求的全面检验。验收过程严格遵循设计文件内容，依据相关规定与标准，对所有建设项目及单位工程进行深入细致的评估与验收，确保每一个环节都达到既定的质量等级，为项目的后续使用奠定坚实的基础。

（一）竣工验收的重要性

竣工验收不仅仅是项目完成的象征，更是对前期规划、设计、施工等各个环节成果的综合考量。它要求所有建设项目和单位工程必须严格按照设计文件的内容建成，这不仅是对项目合法性的确认，更是对工程质量负责的表现。通过竣工验收，能够及时发现并纠正存在的问题，避免安全隐患，保障人民群众的生命财产安全。

（二）竣工验收标准与依据

①设计文件为核心：竣工验收的首要依据是项目的设计文件，包括设计图纸、技术说明书、合同约定的质量标准等。这些文件详细规定了项目的建设目标、技术要求和性能指标，是验收工作不可或缺的标准和参照。

②遵循相关规定：除了设计文件外，竣工验收还需严格遵循国家、地方及行业颁布的相关法律法规、技术标准和规范。这些法律法规和标准是保障工程质量、促进技术进步、维护市场秩序的重要基础，为验收工作提供了科学、公正、客观的评价标准。

（三）竣工验收流程与内容

①资料审查：对项目建设过程中的各类技术资料、施工记录、质量检测报告等进行全面审查，确保资料的完整性、真实性和准确性。

②现场检查：组织专业团队对建设项目和单位工程进行现场检查，重点检查结构安全、功能实现、装修质量等方面是否符合设计要求及质量标准。

③功能测试：对项目的各项功能进行实际测试，如给排水系统的通畅性、电气设备的运行稳定性等，确保项目能够正常投入使用。

④质量评定：根据检查结果和测试数据，结合设计文件和相关规定，对项目进行质量等级评定。评定结果将作为项目是否通过验收的重要依据。

第二章 公路施工准备

第一节 公路施工组织准备

一、施工组织设计编制

（一）设计原则

施工组织设计是公路施工组织准备阶段的关键环节，其编制质量直接影响着工程项目的顺利实施和最终成果。科学合理的施工组织设计能够优化资源配置，提高施工效率，确保工程质量和安全，从而实现项目的经济效益和社会效益最大化。因此，明确施工组织设计的基本原则，对于指导设计编制工作、提升设计水平具有重要意义。

系统性原则是施工组织设计必须遵循的首要原则。公路工程是一个复杂的系统工程，涉及勘察设计、施工准备、施工实施、竣工验收等多个阶段，涵盖路基、路面、桥梁、涵洞、隧道、交通工程等多个专业。这就要求施工组织设计必须立足工程全局，统筹兼顾各阶段、各专业的任务需求，协调人力、物力、财力等各类资源，使之形成优化配置、协同运作的有机整体。同时，施工组织设计还应与项目的宏观管理策略相协调，与工程所处的地理、气候、环境、社会等外部条件相适应，确保施工组织体系的系统性和整体性。

经济合理性原则是施工组织设计必须考虑的重要原则。在市场经济条件下，公路工程项目普遍面临投资主体多元化、建设资金约束趋紧、施工成本不断攀升的压力。这就要求施工组织设计必须贯彻经济合理性原则，在保证工程质量和安全的前提下，最大限度地节约工程投资，控制施工成本。设计人员应当根据工程实际，优选施工方案，合理配置人力、物力、财力等资源，最大限度地压缩不必要的费用支出。与此同时，设计方案还应具有一定的经济适应性和弹性，以应对施工过程中可能出现的材料价格变动、工期调整等风险，避免设计脱离实际、经不起考验。

可操作性原则是施工组织设计必须具备的基本特征。施工组织设计是指导工程项目全过程施工的行动纲领和操作指南，其目的是为现场施工提供直接的指导和帮助。因此，施工组织设计必须具有可操作性，能够转化为具体的行动方案，付诸工程实践。一方面，设计文件应当图文并茂、深入浅出，方便一线管理人员和操作人员理解和掌握；另一方面，设计方案应当符合工程实际情况，充分考虑施工现场的地形地貌、水文地质、施工工艺、机具设备等因素，提出切实可行的施工方法和措施。只有增强施工组织设计的可操作性，才能发挥其对施工生产的指导作用。

动态优化原则是适应施工组织设计灵活性要求的重要原则。公路工程项目往往时间跨度长、规模大、涉及面广，施工组织体系错综复杂，施工组织设计很难做到一蹴而就、一成不变。在实际施工过程中，经常会遇到设计变更、技术革新、环境变化等各种情况，需要对原有施工组织设计进行动态调整和优化。这就要求设计人员必须树立动态优化理念，及时跟踪工程进展情况，准确把握内外部环境变化，适时对设计方案进行修正完善，形成动态更新、持续改进的良性循环。当然，动态优化应当以不影响工程质量和安全为前提，必须经过严格的技术论证和风险评估，不能片面追求速度和效益。

（二）设计内容

施工组织设计是保证公路工程质量、进度和安全的关键环节，其核心内容包括施工部署、施工方案、质量控制、进度计划、安全文明施工等方面。编制科学、合理、可行的施工组织设计，需要全面考虑工程特点、施工条件、环境因素等因素，运用系统的思维方式和严谨的逻辑推理，制订出最优化的施工方案。

首先，施工组织设计应明确施工总体部署，合理安排施工顺序和施工方法。在确定施工顺序时，要综合考虑工程规模、技术难度、资源条件等因素，遵循先地下后地上、先主体后附属、先结构后装修的基本原则。同时，要根据不同施工阶段的特点，选择适宜的施工方法。

其次，施工组织设计应制定详细的质量控制措施，确保工程质量满足设计要求。质量控制贯穿于施工全过程，需要从材料选用、工艺控制、过程检验等环节入手。在材料选用上，要严格把关，选用符合标准规范、质量可靠的原材料。在工艺控制上，要严格执行施工规范，加强过程监督，及时纠正偏差。在过程检验上，要按照规定频率进行抽检，发现问题及时整改。只有将质量控制措施落实到施工的每一个细节，才能从根本上保证工程质量。

再次，施工组织设计应合理安排施工进度计划，协调各专业工种之间的衔接。进度计划的制订要以合同工期为约束条件，综合考虑施工工艺、劳动力和机械设备配置等因素。通过网络计划技术，合理确定各施工活动的先后顺序和持续时间，优化关键线路，提高工期保障度。在实际施工中，要加强进度管理，及时调整和优化进度计划，确保按期完成施工任务。同时，要协调各专业工种之间的配合，避免窝工、返工等问题，提高施工效率。

最后，施工组织设计还应重视安全文明施工，为施工人员创造安全、舒适的工作环境。安全施工是工程建设的底线要求，需要从制度建设、教育培训、技术保障等方面着手。要建立健全安全管理体系，明确安全生产责任制；要加强对作业人员的安全教育培训，提高其安全意识和自我保护能力；要配备必要的安全防护设施和应急救援设备，做好技术保障工作。同时，要注重文明施工，加强现场管理，减少对周边环境的负面影响，树立良好的企业形象。

（三）设计流程

施工组织设计编制是公路工程项目管理的重要内容，是指导和规范施工全过程的纲领性文件。科学合理的施工组织设计流程是保证施工组织设计质量的基础。设计流程的首要环节是深入分析工程项目的特点和施工条件。这需要设计人员全面收集工程地质、水文、气象等方面的资料，现场勘察施工环境，了解当地的施工材料、机械设备、劳动力市场情况。只有在充分调研的基础上，才能准确把握工程的技术要求和施工重难点，为编制施工组织设计奠定基础。

在系统分析的基础上，设计人员要进行施工方案比选。比选应遵循技术可行、经济合理、安全环保的原则，充分考虑工程项目的个性化需求。通过方案比选，设计人员可以权衡各种施工方法的优劣，选择最佳的施工工艺和施工顺序，合理配置人力、物力、财力等资源。同时，施工方案的比选也为后续的施工进度计划、施工平面布置等专项设计提供了依据。

专项设计是施工组织设计的核心内容。专项设计一般包括施工进度计划、施工总平面布置、临时工程设计、劳动力和材料供应计划、施工机械设备配置计划、质量与安全保证措施等。这些内容涉及施工管理的方方面面，对于保障工程顺利实施至关重要。专项设计必须做到全面细致、统筹兼顾。例如，在编制施工进度计划时，设计人员要以施工方案为指导，合理安排各施工环节的衔接，预留必要的风险时间，确保总工期满足合同要求。在编制劳动力和材料供应计划时，设计人员要充分考虑市场波动因素，预测需求量，制定多方案保障措施，避免出现供应短缺或者积压浪费的情况。

完成专项设计后，设计人员还要对施工组织设计进行优化和调整。这是一个动态的过程，需要设计人员与施工管理人员保持密切沟通，根据工程实际进展情况及时修正和完善设计方案。例如，如果在施工过程中发现原有的施工方法难以满足工期或质量要求，设计人员就要及时调整施工工艺，优化资源配置，确保项目平稳推进。又如，如果在施工过程中遇到设计变更等情况，设计人员也要配合业主和监理做好相关方案的调整，最大限度地降低变更对工程进度和成本的影响。

最后，设计人员要做好施工组织设计交底。交底是指将施工组织设计文件的内容向施工管理人员进行传达和说明，使其充分理解设计意图，掌握设计要点。交底一般采用会议的形式，由总工程师或技术负责人主持，相关部门负责人参加。交底过程中，设计人员要重点解读关键工序和特殊环节的施工方法，说明进度计划的时间节点安排，强调质量控制和安全管理的重点内容。与此同时，设计人员还要虚心听取施工管理人员的意见和建议，对设计方案进行必要的修改和完善，确保施工组织设计的科学性和可操作性。

二、施工队伍组建与培训

（一）施工队伍组建标准

施工队伍组建是影响工程质量、进度和安全的关键因素之一。科学合理的施工队伍组建标准，有助于选拔出素质优良、技术过硬、经验丰富的施工人员，从而为工程的顺利实施提供坚实保障。

从专业能力角度看，公路施工对施工人员的专业技能提出了较高要求。施工队伍中的关键岗位，如项目经理、技术负责人、质量员、安全员等，必须具备相应的从业资格和职业技能等级证书。同时，针对不同工种的特点，还应制定详细的技能要求和任职条件。

从工作经验角度看，丰富的施工经验是保证工程质量和进度的重要基础。在队伍组建过程中，应优先选择有类似工程施工经历、熟悉施工工艺流程的人员。特别是项目管理人员和技术骨干，更需要具备同类型项目的成功实践经验，能够在复杂多变的施工环境中沉着应对、迅速决策。同时，不同专业、工种间人员的比例搭配也需要兼顾，既要满足各环节施工需求，又要避免人员冗余导致成本上涨。科学的人员配置，能够实现资源的优化利用，提高队伍的协同效率。

从综合素质角度看，良好的职业道德和身心素质是保障施工安全、树立企业形象的内在要求。施工人员不仅要具备过硬的专业技能，更需要恪守职业操守，遵纪守法，吃苦耐劳。优秀的施工队伍，往往凝聚力强、战斗力高，能够不畏艰险、攻坚克难，始终以高度的责任心投入工作。因此，在施工队伍组建时，还应注重对人员的品行进行考察，甄选出责任心强、纪律性好、团队协作意识强的优秀人才。必要时，还可采取心理测评等方式，全面评估施工人员的心理素质，从而为后续的人员管理提供参考依据。

从培训提升角度看，持续的教育培训是提升施工队伍整体素质的有效途径。技术的日新月异，标准的不断更新，都对施工人员的知识结构和专业能力提出了新的要求。定期开展技术培训、安全教育、法律法规学习等，能够帮助施工人员拓宽视野、更新知识、提高技能水平。针对新招录人员，还应进行岗前培训，帮助其尽快熟悉工作环境、适应岗位要求。对于复杂或关键工序，更需采取传帮带的方式，发挥老员工的传帮带作用，促进经验交流和技能传承。只有常抓不懈地开展教育培训，才能使施工队伍的能力素质适应工程建设的发展需要。

组建高素质的施工队伍，是公路工程项目成功实施的重要基础。科学的组建标准，需要从专业能力、工作经验、综合素质、培训提升等多个维度进行考量。只有进行全方位的考察和评估，优中选优、择优录用，同时加强过程管控和持续培养，才能真正打造出一支技术精湛、纪律严明、朝气蓬勃的优秀团队。优秀的施工队伍，不仅能够高质量、高效率地完成施工任务，更能凭借精湛的技艺和优质的服务，赢得业主和社会各界的广泛赞誉，为企业的转型升级和可持续发展积蓄力量。

（二）培训内容

施工队伍的培训内容应该紧密围绕公路施工的特点和要求，突出实用性和针对性。具体而言，培训内容应涵盖安全文明施工、质量控制、技术规范、设备操作等多个方面。其中，安全文明施工是培训的重中之重。公路施工环境复杂，危险因素众多，稍有疏忽就可能酿成重大事故。因此，必须加强安全教育，提高施工人员的安全意识和自我保护能力。培训应详细讲解安全操作规程，演示个人防护用品的正确使用方法，分析典型事故案例，引导员工牢固树立"安全第一、预防为主"的理念。除了安全教育，培训还应重点加强树立质量意识和培养质量控制能力。

公路工程对施工质量有着极高的要求，任何一个环节出现问题都可能影响整个工程的品质和使用寿命。施工队伍必须树立精益求精的质量意识，严格按照设计图纸和技术规范组织施工，切实做到"事前控制、过程控制、事后检查"的全过程质量管理。同时，要通过案例分析、情景模拟等方式，提高一线员工识别和处理质量问题的能力，确保工程质量符合标准要求。

在技术规范方面的培训也不容忽视。公路施工涉及路基、路面、桥梁、涵洞、隧道、交通工程等多个专业，各专业又有相应的施工规范和验收标准。施工队伍必须全面掌握这些规范标准的内容和要求，严格遵照执行，杜绝违规操作。培训应组织员工系统学习规范条款，并结合实际工程案例进行分析讨论，加深理解和掌握。此外，还应定期开展技术交底会，让管理人员和操作人员及时了解设计变更、技术更新等信息，从而保证施工的规范性。

设备是公路施工的重要保障，设备能力和精度直接关系到工程质量和进度。因此，施工队伍必须熟悉各类机械设备的性能特点、掌握操作规程和维护保养方法。一方面，要加强理论知识培训，让操作人员深入理解设备工作原理，提高故障诊断和排除能力；另一方面，要通过实操演练提升其实际操作水平，规范操作程序，防止误操作造成设备损坏或安全事故。同时，还要重视机械维修养护人员的技能培训，使其掌握先进的检修技术和诊断方法，确保设备正常运转。

此外，培训还应注重提升施工队伍的职业素养和团队协作意识。优秀的职业素养如爱岗敬业、吃苦耐劳、诚实守信等，是保证工程顺利推进的重要基础。而团队协作意识对于工期紧、任务重的公路施工来说更是至关重要。只有上下齐心、通力合作，才能高效完成各项任务。培训应采取多种形式，如主题班会、先进事迹报告会、拓展训练等，引导员工不断加强自身修养，树立集体荣誉感，自觉把个人利益服从和服务于集体利益。

（三）培训方法

公路施工队伍培训是一项系统工程，需要从理论和实践两个层面入手，采用多种培训方法，提高培训的针对性和实效性。从理论培训来看，讲授法是最基本也是最重要的方法。通过集中讲授，可以系统地向施工人员传授公路工程的基础知识、施工工艺、质量控制、安全管理等内容。讲授过程中，教师应注重与学员互动，通过提问、讨论等方式，调动学员的学习积极性，加深其对理论知识的理解和掌握。案例教学也是理论培训中常用的方法。通过分析真实的工程案例，学员能够更直观地认识理论知识在实践中的应用，提高分析问题、解决问题的能力。在案例教学中，教师应精心选择典型案例，引导学员从多角度、全方位思考问题，培养其综合运用知识的能力。

在实践培训方面，现场教学是最直接、最有效的方法。通过带领学员到施工现场观摩学习，教师可以生动形象地讲解施工工艺和操作要领，使学员直观感受施工过程，加深理解和记忆。在现场教学中，教师要注重与学员互动，鼓励其动手操作、提出问题，及时解答疑难问题。同时，教师还应引导学员关注工程细节，培养其严谨细致的工作作风。实践练习是实践培训中必不可少的环节。学员只有亲自动手，才能真正掌握施工技能，提高操作水平。在组织实践练习时，教师要为学员创设逼真的施工情境，提供必要的设备工具，确保练习效果。针对学员存在的共性问题，教师要及时组织专项训练，强化薄弱环节。通过反复练习，学员能够逐步熟悉操作流程，提高动手能力。

情景模拟也是实践培训常用的方法。通过设置仿真情境，学员可以在安全环境中体验实际施工过程，强化实践技能。教师利用多媒体技术，可以为学员呈现逼真的工程场景，使其身临其境地感受施工全过程。在情景模拟中，教师要设计好人物角色和事件情节，为学员提供充分展示自己的平台。通过分组讨论、角色扮演等方式，学员的团队意识、协调能力也能得到锻炼。

三、施工进度计划编制

（一）计划编制方法

施工进度计划编制是公路工程建设中的关键环节，它直接影响着工程的进度、质量、成本和安全。科学合理的计划编制方法不仅能够确保工程如期完成，更能优化资源配置，提高经济效益。因此，探索高效、精准的计划编制方法，对于提升公路工程管理水平具有重要意义。

网络计划技术是目前应用最为广泛的计划编制方法之一。该技术以网络计划图为载体，通过对各施工活动之间的逻辑关系进行分析，确定关键线路和关键工作，预测工期，优化资源配置。在公路工程中，运用网络计划技术能够直观地反映施工进度计划，便于实施动态控制和及时调整。同时，借助计算机软件，网络计划的编制效率和精度也大大提高。然而，在实践中运用网络计划技术也存在一些问题，如各施工活动之间的关系判断不够准确、关键线路确定不够合理等，需要项目管理人员审慎对待。

线性规划也是一种行之有效的计划编制方法。它利用数学模型，在考虑各种约束条件的基础上，寻求资源配置的最优解，从而制订出经济合理的施工进度计划。在公路工程中，可以运用线性规划确定施工顺序、资源投入时机、关键工序的最短工期等，达到缩短工期、降低成本的目的。与网络计划技术相比，线性规划更侧重数学建模和计算，对项目管理人员的数学水平提出了更高要求。此外，在设置目标函数和约束条件时，需要全面考虑工程实际，避免过于理想化。

除了上述两种经典方法外，随着信息技术的发展，一些新兴的计划编制方法也逐渐受到关注。例如，基于BIM的四维施工进度模拟技术，能够将三维模型与时间维度相结合，直观地展示施工进度，提高计划的可视化水平。再如，融合了人工智能算法的智能计划编制系统，能够在海量工程数据的基础上，快速生成最优进度计划，大大提高编制效率。这些新兴技术的应用，为公路工程计划编制注入了新的活力。

需要指出的是，无论采用何种计划编制方法，都必须以充分的现场调研和数据分析为基础。只有全面了解工程概况、施工条件、资源状况等，才能编制出切合实际、可操作性强的进度计划。同时，在计划执行过程中，还要注重动态跟踪和及时优化，根据实际进展情况灵活调整计划，确保计划的科学性和有效性。

（二）进度控制措施

进度控制是公路施工项目管理的重要组成部分，它贯穿于施工全过程，直接影响着工程的质量、安全和经济效益。为了确保公路工程按期完成，实现预期目标，必须采取科学有效的进度控制措施。这不仅需要项目管理人员精心策划、严格执行，更需要全体参建人员的通力合作和共同努力。

建立健全的进度管理体系是实施进度控制的基础。项目部应根据合同要求和施工组织设计，细化分解总进度目标，编制各阶段、各专业的进度计划，明确各项任务的完成时限和责任人。同时，要建立进度信息收集、分析和反馈机制，及时掌握进度执行情况，发现偏差，找出原因，采取纠偏措施。定期召开进度专题会，研究解决重大进度问题，协调各方资源，确保关键工序、关键路径按期完成。

优化施工方案和工艺流程也是加强进度控制的重要手段。在施工准备阶段，技术人员要深入分析图纸，优化施工方案，编制详细的专项施工方案和作业指导书，为现场施工提供可靠指导。在施工过程中，要积极推广新技术、新工艺、新材料、新设备，优化作业流程，提高工作效率。加强技术交底和现场指导，确保每一道工序都能高效、高质完成。同时，要合理调配人力、机械等资源，系统地统筹安排，让各工种紧密衔接、协调配合，形成最佳的施工节奏。

加强现场动态管控是进度控制的关键所在。项目部要建立严格的现场管理制度，加强对施工过程的监督检查，及时协调解决影响施工进度的突发事件和问题。要跟踪记录人员、材料、设备等要素的投入使用情况，加强现场调度指挥，优化资源配置，提高利用效率。同时，要强化现场安全文明施工管理，消除各种不安全因素，为施工创造良好环境。

此外，还要重视施工进度与质量、安全、成本等目标的协调统一。片面追求进度，而忽视工程质量和施工安全，势必留下隐患，埋下风险，最终可能导致返工重做，得不偿失。因此，进度控制必须建立在保证工程质量和施工安全的基础之上，兼顾成本效益，实现最优的综合目标。要处理好当前任务与长远目标、局部利益与整体利益、单点突破与整体推进的关系，统筹兼顾，协调推进，在快速推进的同时，着眼打造精品工程、平安工程、节约工程。

（三）进度调整策略

公路施工进度计划的制订和实施是一个动态过程，需要根据实际情况不断进行调整和优化。施工单位应建立完善的进度调整机制，及时发现和解决影响进度的问题，确保工程按期完成。

首先，要加强施工现场的动态监控和信息反馈。项目部应安排专人负责现场进度管理，及时收集和汇总各施工作业面的进展情况，准确掌握实际进度与计划进度的差异。同时，要建立畅通的沟通渠道，鼓励一线员工主动反映问题，为进度调整提供第一手资料。只有全面准确地了解现场实况，才能做出科学、有效的决策。

其次，要深入分析进度偏差的原因，采取针对性的调整措施。如果是人力、物资、设备等资源投入不足导致的进度滞后，应及时协调相关部门增加资源供给；如果是受到设计变更、风险事件等因素影响，则需要与业主、监理沟通，调整施工方案和进度目标；如果是管理不善、组织协调不力造成的效率低下，则要加强过程控制，优化施工工艺和作业流程。

再次，要合理调配资源，优化施工组织和作业顺序。在保证施工连续性的前提下，可以根据进展情况适当调整作业队伍的配置，增派人手赶工或抽调富余力量支援其他工作。对于进度相对滞后的分部分项工程，可以适度提高资源投入的强度，加快推进速度；对于超前完成的工序，则可以相应放缓节奏，把资源倾斜到更需要的地方。同时，还要优化施工作业的逻辑顺序和衔接关系，把握关键线路，打通"堵点"、补齐"断点"，实现统筹兼顾、动态平衡。

然后，还要加强技术创新和管理创新，提高工作效率。鼓励项目团队积极采用新工艺、新技术、新设备，优化施工方案，缩短工期；要强化现场组织管理，科学配置生产要素，改进作业方法，杜绝"干等停"现象；要完善考核激励机制，调动广大员工的积极性，形成"比学赶超"的良好氛围。只有在继承传统经验的基础上不断创新，才能持续提升进度管理水平。

最后，要注重施工进度与质量、安全、成本等目标的平衡协调。片面追求进度而忽视质量和安全，势必留下安全隐患和质量缺陷；一味压缩工期而不顾成本上升，也会影响企业的经济效益。因此，在进度调整时，要统筹考虑工程建设的各项约束条件，在保证质量合格、成本可控的前提下合理赶工，实现多目标的动态优化。

第二节 公路施工技术准备

一、施工技术方案编制

施工技术方案编制是一项系统工程，需要在全面调研、科学论证的基础上，根据工程项目的具体情况，统筹考虑技术、经济、安全、环保等诸多因素，制订出切实可行的施工组织方案。一套优秀的施工方案，不仅能够指导现场施工，确保工程质量和进度，更能够最大限度地发挥投资效益，体现建设单位的管理水平。

施工技术方案编制的首要任务是深入研究设计图纸和技术资料，准确把握设计意图，识别关键工序和控制节点。在此基础上，方案编制人员要充分了解工程所在地的地形地貌、水文地质、气象条件等自然环境因素，评估其对施工的影响，并提出相应的技术措施。同时，还要全面考虑当地的社会环境因素，如交通运输条件、周边建筑物情况、民俗风情等，制订人性化的施工组织计划，最大限度减少施工对公众生活的干扰。

施工技术方案的核心内容是施工工艺、方法和机械设备的选用。科学合理的施工工艺和方法，是保证工程质量、提高施工效率的关键。方案编制人员要广泛吸收最新的科技成果，借鉴同类工程的成功经验，因地制宜地选择最佳的施工工艺路线。在机械设备选用方面，要立足工程需要，兼顾技术性与经济性，选择效率高、能耗低、环保性能好的先进设备，提高机械化施工水平。对于关键工序和特殊部位，还要制订详细的专项施工方案，包括施工工序、操作要点、质量标准、安全措施等，确保万无一失。

二、施工技术标准化流程制定

施工技术标准化流程制定是公路施工技术准备工作的重要环节，对于规范施工行为、提高施工效率和质量具有重要意义。制定科学合理的施工技术标准化流程，需要综合考虑工程特点、技术要求、管理需求等多方面因素，并在实践中不断优化完善。

首先，施工技术标准化流程制定要以施工合同、设计文件、技术规范为依据，全面梳理工程建设的各个环节和具体要求。要深入分析施工工艺流程，明确每个工序的作业内容、技术标准、质量控制点等，形成一套覆盖全过程、全要素的作业指导书。同时，还要充分考虑工程项目的个性化需求，针对重点、难点部位制订专项施工方案，细化标准化流程。只有契合工程实际，施工技术标准化流程才能发挥应有的指导和规范作用。

其次，施工技术标准化流程制定要体现精细化管理理念，强调过程控制和动态优化。传统的施工管理往往局限于事后检查和被动矫正，而施工技术标准化流程则强调事前预防和过程控制。通过将管理重心前移，将影响施工质量的关键因素纳入流程管控，从源头上规避质量风险。同时，施工技术标准化流程还应包含动态评估和持续改进机制，通过数据分析、现场反馈等方式评估流程执行效果，并根据实际情况优化调整，实现流程与管理的良性互动。

再次，施工技术标准化流程制定要充分发挥信息化技术的赋能作用。当前，数字化、智能化已经成为建筑业转型升级的重要方向。将BIM、物联网、大数据等新技术融入施工技术标准化流程，能够显著提升流程管理的效率和精度。例如，利用BIM技术对施工方案进行可视化模拟和优化，利用物联网实现施工现场的实时监测和智能调度，利用大数据分析优化资源配置和工序衔接。这些都有助于提高施工技术标准化流程的科学性和可操作性。

最后，施工技术标准化流程制定要以人为本，注重全员参与和共享共创。流程的执行效果最终取决于现场作业人员的理解力和执行力。因此，在制定施工技术标准化流程时要广泛听取一线员工的意见和建议，使流程更加接地气、易操作。同时，还要加强流程宣贯培训，提高全员的标准意识和执行能力。可以通过开展施工技术标准化流程比武竞赛、优秀案例评选等活动，激发员工参与流程优化的主动性和创造性。

第三节　公路施工测量准备

一、测量仪器的选择与校准

（一）测量仪器选择标准

测量仪器选择是公路施工测量准备工作的重要环节，科学合理的测量仪器选择标准直接关系到测量数据的准确性和可靠性。在确定测量仪器选择标准时，需要综合考虑测量任务的特点、精度要求、作业环境等多方面因素，以确保选用的测量仪器能够满足实际工程需求。

测量任务的特点是制定测量仪器选择标准的首要考量因素。不同的测量任务对测量仪器性能的要求各不相同，如控制测量对角度测量精度要求较高，而碎部点测量对距离测量精度要求更高。因此，在选择测量仪器时要全面分析测量任务的类型、数量、分布等特点，有针对性地选用满足要求的专业化仪器。

测量精度要求是决定测量仪器等级和型号的关键依据。公路工程测量对精度有严格要求，如每千米中线测量的平面位置中误差不得超过 20 mm，高程中误差不得超过 10 mm。为确保测量成果符合精度规范，必须选用等级相匹配、性能稳定的高精度测量仪器。通常，一、二等水准测量选用的水准仪不低于 DS3 级，导线测量选用的全站仪不低于 2″。

作业环境对测量仪器的适应性和可靠性提出了特殊要求。公路施工现场环境复杂，存在着高温、严寒、风沙、震动等恶劣条件。选用的测量仪器必须具备良好的环境适应性，如全天候操作、防水防尘、抗震耐摔等。同时，还要充分考虑野外作业的便携性需求，选择轻便灵活、维护简单的机械结构和电子元件。

经济性原则要求在满足测量需求的基础上，尽可能选用性价比高的测量仪器。先进的测量仪器价格昂贵，因此要在质量和成本之间寻求最佳平衡点。对于技术成熟、批量生产的常规测量仪器，可选择国产品牌，以降低采购成本；对于专业性强、精度要求高的特种测量仪器，适当选用进口产品，以保证测量质量。

主流厂商的品牌信誉和售后服务也是测量仪器选择的重要参考。知名品牌的测量仪器质量有保障，故障率低，能够提供及时专业的技术支持。建议优先选择徕卡、尼康、索佳、南方、中纬等国内外知名厂商生产的测量仪器，以确保测量仪器设备的可靠运行和维修调试。

（二）测量仪器校准方法

测量仪器的校准是确保测量结果准确可靠的关键环节。科学合理的校准方法能够有效消除测量仪器的系统误差，提高测量精度，为后续的施工测量工作奠定坚实基础。在公路施工测量准备阶段，应根据测量仪器的类型、用途、精度要求等因素，选择适宜的校准方法，并严格按照规范要求和操作流程开展校准工作。

对于常用的全站仪、水准仪等测量仪器，可采用实验室检定与现场检校相结合的方式进行校准。实验室检定通常在专业计量机构完成，采用高精度标准器对测量仪器的各项性能指标进行全面检测，如视准轴与横轴的垂直度、望远镜分划板面与视准轴的垂直度、补偿器零位误差等。通过实验室检定，可以掌握测量仪器的起始精度状态，为后续校准提供参考依据。

现场检校则是在实际施工环境中对仪器进行动态校准，以消除环境因素对测量结果的影响。常见的现场检校方法包括双面观测法、高度投点法、已知点法等。双面观测法适用于校准全站仪的水平角测量精度，通过在两个测回间改变全站仪水平度盘指标 180°，测定同一目标获得两个水平角读数，根据两次测角差与 180° 的偏差值来判断水平度盘的精度。高度投点法用于校准全站仪的垂直角测量精度，通过在两个已知高差的控制点之间来回测定高度，比较测得高差与已知高差，计算垂直角测量的系统差，进而确定垂直度盘的精度。已知点法则是利用若干已知坐标点，测设若干个检校点，通过比较检校点的实测坐标与已知坐标，评定测距精度和角度测量中的系统误差。

除了常规测量仪器，一些新型测量设备如 GPS 接收机、三维激光扫描仪等，也应纳入校准范畴。GPS 接收机的校准可分为天线相位中心校准和接收机内部延迟校准两部分。天线相位中心校准采用标定场大地测量方法，将流动站天线与多个高精度已知点进行静态测量，解算天线相位中心改正数，消除天线相位中心变化引起的系统误差。接收机内部延迟校准则利用零基线试验，两台接收机并联采集同步数据，确定接收机内部电路延迟引起的系统误差。三维激光扫描仪的现场校准可采用特征点检校法，利用靶球、楼角等明显目标，获取点云坐标并与全站仪测定坐标比对，评定点云数据的精度，修正仪器安置参数。

需要强调的是，测量仪器的校准不是一蹴而就的，而应贯穿整个施工测量过程。在开展控制测量、地形测量、放样测量等环节前，都应对相关测量仪器进行必要的校准，并做好校准记录，编制校准报告。定期校准不仅能及时发现测量仪器异常，消除系统误差，也能延长测量仪器的使用寿命，确保工程进度与质量。

（三）校准频率

测量仪器的定期校准是保证公路施工质量的重要前提。校准频率的确定需要综合考虑测量仪器的类型、使用强度、工作环境等多方面因素。对于精度要求较高的仪器，如全站仪，应采取更为严格的校准制度，确保其测量结果的准确性和可靠性。

一般而言，全站仪等精密测量仪器应至少每半年进行一次全面校准，检查其各项指标是否符合规定要求。在使用过程中，如发现测量结果出现异常波动或与实际情况存在较大偏差，应及时进行校准，排除仪器故障的可能性。对于水准仪等常用测量仪器，校准频率可适当放宽，但仍应保证每年不少于一次。

除了定期校准外，测量仪器的日常维护和保养也不容忽视。测量仪器使用后应及时清洁，并将其存放在干燥、通风的环境中，防止受潮或灰尘污染。对于精密部件，如望远镜、电子元件等，应特别小心，避免碰撞或剧烈振动。只有做到定期校准与日常维护并重，才能确保测量仪器的最佳工作状态，为公路施工的顺利推进提供有力保障。

此外，校准频率的确定还应符合相关法律法规和行业标准的要求。我国《公路工程质量检验评定标准》等文件对测量仪器的校准频率做出了明确规定，如全站仪每半年校准不少于一次、水准仪每年校准不少于一次等。施工单位应严格遵守这些规定，确保校准工作的规范化和制度化。

建立健全测量仪器校准档案也是十分必要的。档案应详细记录每台仪器的校准时间、校准结果、校准人员等信息，并妥善保管，以备查验。这不仅是施工管理的需要，也是事后责任追究的重要依据。通过完善的校准档案管理，可以形成测量仪器校准的长效机制，为工程质量提供可靠保证。

二、测量数据的采集与处理

（一）数据采集方法

测量数据的采集是公路施工测量准备工作中至关重要的一环。数据采集的质量直接关系到后续数据处理和分析的准确性，进而影响整个工程的施工质量和进度。因此，选择合适的数据采集方法，规范数据采集流程，对于保障公路施工测量工作的顺利开展具有重要意义。

在传统的公路施工测量中，数据采集主要依靠人工记录和手动输入。测量人员使用测量仪器获取原始数据后，在野外环境下将数据记录在纸质的野外测量手簿上，然后再将手簿带回办公室，由专门的人员将数据手工输入到计算机中。这种方法虽然简单直观，但存在诸多问题。首先，户外恶劣环境容易导致手簿记录模糊、残缺，甚至丢失，造成数据的不完整和不准确。其次，手工录入数据费时费力，且易出错，影响工作效率。最后，纸质记录难以长期保存，数据安全性无法保障。

为了克服传统方法的弊端，现代公路施工测量越来越多地采用数字化数据采集方法。利用全站仪、GPS 接收机等数字化测量仪器，可以直接获取数字化的原始测量数据。这些仪器一般都配备了数据采集软件和大容量存储设备，能够现场自动记录和保存测量数据，避免了手工记录的烦琐和错误。数字化采集的数据可以方便地传输到计算机中进行后续处理，大大提高了数据处理的效率和精度。

此外，数字化数据采集还可以与云存储、大数据分析等现代信息技术深度融合，实现数据的远程传输、实时共享和智能化处理。

数字化数据采集虽然优势明显，但也对测量人员的信息化素养提出了更高要求。测量人员不仅要熟练掌握各种数字化测量仪器的操作，还要具备数据处理、信息管理等方面的知识和技能。因此，加强对测量人员的信息化培训，提升其数字化测量能力，是推进数字化数据采集工作的重要保障。同时，还应建立健全数据采集的标准和规范，明确数据采集的流程、格式和质量要求，确保采集数据的准确性、完整性和一致性。

（二）数据处理软件

在公路施工测量准备阶段，数据处理软件的应用已经成为提高测量效率和精度的重要手段。相比传统的人工计算和制图，数据处理软件能够快速、准确地完成大量复杂的计算和绘图任务，极大地节省了时间和人力成本。同时，数据处理软件还能够实现测量数据的集中管理和共享，为后续的施工决策提供可靠的数据支撑。

目前，市面上已经出现了各种类型的测量数据处理软件，如 AutoCAD、CASS 等。这些软件各有特色，但都具备了强大的数据处理和分析功能。以 CASS 软件为例，它集成了数字地形模型（digital terrain model，DTM）、数字线划地图（digital line graphic，DLG）、数字正射影像图（digital orthopoto map，DOM）等多种数据格式，能够实现地形图、纵横断面图、施工放样等多种图件的自动生成。同时，CASS 还具备了三维可视化、地质建模、虚拟施工等先进功能，为施工方案优化和施工管理提供了有力工具。

在实际应用中，测量数据处理软件的选择需要综合考虑软件性能、操作便捷性、数据兼容性等多方面因素。首先，软件需要具备稳定高效的数据处理能力，能够快速完成大规模数据的计算和分析任务。其次，软件的操作界面应当简洁友好，便于工程技术人员快速上手和使用。再次，软件应当具有良好的数据兼容性，能够与其他施工管理系统实现无缝对接和数据共享。最后，软件厂商的技术支持和服务能力也是重要的考量指标。

数据处理软件的引入，对测量人员的技能结构提出了新的要求。传统的测量人员主要侧重于数据采集和现场作业，而在数字化测量时代，测量人员还需要掌握计算机操作、数据库管理、软件应用等方面的知识和技能。因此，加强测量人员的信息化培训，提升其综合素质和专业能力，已经成为测量队伍建设的重要内容。

数据安全是测量数据处理软件应用中需要高度重视的问题。测量数据是工程建设的重要基础资料，其真实性、完整性和安全性直接关系到工程质量和施工安全。因此，在数据处理软件的选择和应用中，必须采取严格的数据安全保护措施，如建立数据备份机制、设置用户权限管理、加强网络安全防护等，切实保障数据的机密性、完整性和可用性。

第四节 公路施工机械准备

一、施工机械的选择与配置

（一）施工机械种类选择

施工机械种类的选择是公路施工准备阶段的关键环节之一。在复杂多变的施工环境下，合理选择施工机械种类不仅关系到工程质量和进度，更关乎施工成本和安全。选择施工机械种类需要综合考虑工程特点、施工工艺、技术指标、经济效益等多方面因素，进行全面系统的分析和权衡。

从工程特点来看，不同的公路工程对施工机械种类有着不同的要求。例如，高速公路施工对路面平整度要求极高，因此需要选用高精度、高效率的摊铺机械设备；山区公路施工则需要选用适应能力强、爬坡能力好的机械设备。土质条件也会影响施工机械选型，如软土地基施工需要选用专门的软基处理机械设备。此外，桥梁、涵洞、隧道等结构物的施工也对施工机械种类提出了特殊要求。只有全面分析工程特点，才能选择出匹配的施工机械种类。

施工工艺的需求同样影响施工机械选型。不同的施工工序需要与之相适应的专用施工机械。以路基施工为例，场地平整可选用推土机，土方开挖可选用挖掘机，填筑压实可选用压路机等。再如，沥青路面施工需要选用专门的摊铺、碾压施工机械。如果施工机械种类选择不当，不仅施工质量难以保证，施工效率也会大打折扣。因此，施工机械选型必须紧密结合施工工艺，选择专业对口的施工机械种类。

施工机械设备的技术指标也是选型时需要重点考虑的因素。施工机械的生产率、精度、可靠性等指标，是衡量其适用性的重要标准。同时，还需权衡施工机械的环保性能。在绿色施工理念下，节能、低排放、低噪声逐渐成为施工机械选型的重要参考指标。优选技术先进、性能可靠、节能环保的施工机械设备，这是保障工程质量和推进绿色施工的必然要求。

此外，施工机械种类的选择还需兼顾经济效益。一方面，要考虑施工机械的采购成本和维修保养费用；另一方面，要分析施工机械的使用效率和周转次数。

优先选择性价比高、综合效益好的施工机械种类，才能在保证施工质量的同时，实现经济效益最大化。同时，租赁还是购买也是需要权衡的重要因素。根据工程规模、工期等因素合理选择，避免过度配置导致资源浪费。

良好的施工组织设计也有赖于科学合理的施工机械选型。施工机械种类选择需要与现场施工组织、施工机械调配相匹配，在统筹兼顾施工进度计划、施工机械台数配比、施工面安排等方面，优化施工机械设备组合，提高施工机械利用率。只有各施工机械环环相扣、协同作业，才能形成最佳的施工组织方案，保证各工序有序高效推进。

（二）施工机械数量配置

施工机械数量配置是施工机械准备工作中不可或缺的重要环节，对于确保工程进度、保证施工质量至关重要。施工机械设备是施工生产的重要物质基础，其数量的合理配置直接影响着施工效率和经济效益。因此，在进行施工机械数量配置时，必须全面考虑工程特点、施工环境、进度要求等诸多因素，以科学合理的方式确定最优的施工机械组合方案。

首先，施工机械数量配置应当立足工程实际，充分考虑施工规模、工期要求、技术难度等因素。对于大型公路工程，由于施工任务重、工期紧，往往需要投入大量的施工机械设备，以满足高强度、高效率施工的需要。而对于中小型工程，则可以根据实际情况适当减少施工机械数量，避免资源浪费。同时，还要考虑施工现场的地形地貌、水文地质等环境因素，选择合适的施工机械类型和数量。例如，在山区公路施工中，由于地形复杂、运输困难，需要配置更多的小型化、轻便化施工机械设备；而在平原地区，则可以充分利用大型施工机械设备的高效优势，提高施工效率。

其次，施工机械数量配置必须与施工进度计划相协调，既要满足工期要求，又要避免盲目投入导致的资源浪费。这就需要编制科学合理的施工进度计划，根据各施工阶段的任务量和时间安排，合理配置施工机械设备。通常情况下，在施工高峰期需要集中投入大量施工机械，而在施工淡季则可以相应减少施工机械数量。同时，还要注意施工机械设备的协调配合，避免出现"忙的忙死、闲的闲死"的现象。例如，在土方施工中，挖掘机、装载机、运输车辆等设备要形成合理的作业链，做到衔接紧凑、协调高效。

再次，施工机械数量配置还要兼顾经济效益，在满足施工需要的基础上，尽可能降低施工机械成本。这就需要对各类施工机械的性能、效率、油耗等进行全面评估，选择性价比最优的施工机械组合方案。同时，还要合理安排施工机械的作业时间，提高其利用率，避免大量窝工和闲置。对于一些使用频率较低的专用施工机械，可以采取租赁方式，减少固定资产投入。而对于使用频繁的通用施工机械，则可以考虑购置，以降低长期使用成本。

最后，施工机械数量配置还应当具有一定的弹性和动态调整机制。施工过程中难免会遇到各种突发情况，如设计变更、天气影响等，这就需要及时调整施工机械配置方案，以适应新的施工条件。因此，在编制施工机械配置计划时，要预留一定的调整空间，并建立快速响应机制，做到随时调配、及时到位。同时，还要加强施工机械设备的管理和维护，确保其始终处于良好的技术状态，以应对可能出现的紧急情况。

二、施工机械的调度与管理

（一）调度计划

施工机械调度计划是确保公路施工项目顺利实施的重要基础。科学合理的调度计划能够最大限度地发挥施工机械设备的效能，减少资源浪费，提高施工效率。制订施工机械调度计划需要全面考虑工程进度、施工环境、机械性能等多方面因素，统筹兼顾，动态优化。

在施工准备阶段，项目管理团队应根据工程总体进度计划，结合各施工阶段的施工机械需求，编制出详细的施工机械调度计划。该计划应明确各类施工机械的数量、型号、进场时间、退场时间等关键信息，为后续施工提供可靠的资源保障。同时，施工机械调度计划的制订还应充分考虑机械设备的维修保养周期，合理安排备用施工机械，确保施工连续性。

施工机械调度计划的执行离不开现场管理人员的密切配合。现场管理人员应及时掌握施工进展情况，根据实际需要动态调整施工机械调度。当施工条件发生变化或出现特殊情况时，现场管理人员还应与项目管理团队及时沟通，调整优化原有调度计划，保证施工无缝衔接。此外，现场管理人员还应加强对施工机械操作人员的管理和协调，合理安排作业任务，提高施工机械利用率。

为了提高施工机械调度的科学性和可操作性，项目管理团队可以引入信息化管理手段。利用计算机技术建立施工机械设备信息数据库，实时记录和更新各施工机械的技术参数、使用状态、维修保养记录等信息，为调度决策提供数据支持。同时，还可以开发施工机械调度管理系统，实现施工机械调度计划的自动生成和优化，减少人工干预，提高调度效率。

施工机械资源的优化配置是调度计划的重要目标。项目管理团队应该从全局视角出发，在保证工程进度和质量的前提下，最大限度地提高施工机械设备的使用效率。这就要求调度人员充分了解每台施工机械的性能特点和适用范围,根据施工需要合理选择和搭配,避免大马拉小车或小马拉大车的现象发生。同时,还应该注重施工机械资源的平衡利用,避免出现施工机械设备长期闲置或超负荷运转的问题。

(二) 现场管理

施工现场管理是公路施工机械化、精细化管理的重要环节,直接影响到工程进度、质量和安全。为了确保施工机械高效运转、安全施工,必须加强现场管理,做到及时调度、科学组织、规范操作、严格监督。

首先,要建立完善的现场管理制度。根据工程实际情况,制定切实可行的施工机械管理办法,明确各岗位职责和管理流程。同时,要建立健全的机械档案,详细记录施工机械的基本信息、维修保养、故障处理等情况,为施工机械管理提供可靠依据。

其次,要加强现场协调和调度。施工机械种类繁多、数量众多,如何在有限的场地内合理调配,避免相互干扰,是现场管理的难点。这就需要管理人员统筹兼顾,根据施工进度和工序要求,科学编制施工机械作业计划,协调各施工环节,优化施工机械配置,提高作业效率。对于大型设备和关键工序,还要合理安排备用施工机械,确保施工连续性。

再次,要严格规范操作行为。施工机械操作是现场管理的基础,操作行为规范与否直接关系到施工安全和工程质量。因此,要加大对操作人员的安全教育和技能培训力度,提高其安全意识和操作水平。在日常管理中,要严格执行操作规程,加强现场监督检查,及时制止和纠正违章操作,消除安全隐患。同时,要建立施工机械操作责任制,将责任落实到人,调动操作人员的积极性。

然后,要加强现场环境管理。施工机械产生的噪声、废气、粉尘等,不仅影响施工环境,而且危害操作人员身心健康。因此,要采取有效措施,控制施工机械废弃物的排放,改善作业环境。例如,在施工现场设置隔音屏障,减少噪声污染;定期清理施工废料和积尘,保持场地整洁;为操作人员配备必要的劳动保护用品,预防职业病的发生。

最后,要做好应急处置和事故调查。尽管采取了种种管理措施,施工机械仍可能出现故障或事故。这就要求管理人员提高应急处置能力,制定切实可行的应急预案,配备必要的抢险设备和救援物资,一旦出现问题,能够及时、有效地处置,最大限度地减少损失。对于重大事故,还要举一反三,认真分析原因,吸取教训,完善管理制度,堵塞漏洞,防止类似事故再次发生。

（三）资源优化

公路施工机械的资源优化是提高公路建设效率、保障工程质量的关键环节。在现代公路施工中，施工机械设备种类繁多，数量庞大，如何实现施工机械资源的科学配置和高效利用，已经成为施工单位面临的重大课题。资源优化的首要任务是建立完善的施工机械管理信息系统。该系统应涵盖施工机械设备的基本信息、技术参数、使用状况等内容，实现施工机械资源的动态监测和实时管控。通过信息化手段，施工单位可以准确掌握每台设备的位置、工作状态、维修保养记录等，为施工机械调度与管理提供可靠依据。同时，大数据分析技术的应用，可以挖掘设备使用数据背后的规律，预测机械故障，优化维修策略，最大限度地减少非计划停机时间，提高机械利用率。

科学合理的施工机械配置是资源优化的核心内容。施工单位应根据工程特点、施工环境、进度要求等因素，对施工机械设备进行系统规划和配置。一方面，要确保各类施工机械的配置数量满足施工需要，避免出现"高峰期"施工机械不足、"低谷期"施工机械闲置的现象；另一方面，要优选性价比高、技术先进、能耗低的施工机械设备，减少不必要的资源浪费。在配置过程中，可以运用多目标优化、整数规划等数学模型，综合考虑施工成本、工期、质量等多个目标，求解出最优的施工机械配置方案。

施工机械设备的合理调度是提高资源利用效率的有效途径。科学的施工机械调度应以施工进度计划为依据，根据施工部署和施工机械性能合理安排作业任务，减少设备的空转和等待时间。对于大型施工项目，可采用集中调度与分散调度相结合的模式，在项目部设置统一的施工机械调度指挥中心，负责协调各施工区段的施工机械调配；在各区段设置施工机械管理员，负责本区段内的施工机械使用和维护。通过计算机仿真技术，可以模拟不同调度方案下的施工进展情况，优选出最佳的调度策略。同时，应建立施工机械设备的动态平衡机制，根据施工进度的实际情况，及时调整施工机械配置，实现资源在时间和空间上的优化配置。

施工机械资源的集约化利用是优化资源配置的重要手段。针对不同施工阶段的施工机械需求特点，可采取施工机械设备租赁与自有相结合的方式，提高资源使用的灵活性。对于使用频率较低的大型设备，可优先考虑租赁；对于使用频率较高的通用设备，可优先选择自购。采用专业化分工与协作的组织模式，鼓励不同施工单位之间开展施工机械设备共享，盘活存量资源。对于闲置的施工机械设备，可通过二手设备交易平台等渠道进行调剂使用，最大限度地发挥资源效用。

优化施工机械资源配置，还需要加强人力资源的开发和管理。施工机械设备的操作水平和维护质量直接影响其作业效率和使用寿命。施工单位应加大对操作人员和维修人员的培训力度，提高其专业技能和职业素养。建立科学的绩效考核和奖惩机制，调动员工的积极性和创造性。鼓励员工在日常工作中优化操作流程，改进施工方法，为施工机械资源的高效利用献计献策。

第五节　公路施工物资准备

一、物资需求计划编制

物资需求计划编制是公路施工物资准备阶段的关键环节，其流程的科学性和规范性直接影响施工进度和质量。物资需求计划编制需要在深入调研的基础上，充分考虑工程特点、施工组织设计、施工进度计划等因素，合理估算所需物资的品类、规格、数量。同时，还要综合分析市场供求状况、价格走势、采购渠道等，选择最优的采购策略和供应商。

具体来说，物资需求计划编制流程通常包括以下步骤。首先，成立专门的编制小组，明确职责分工。编制小组要由工程技术人员、物资管理人员、财务人员等组成，确保编制工作的专业性和全面性。其次，开展全面的现场勘察和资料收集工作，深入了解工程概况、设计图纸、施工组织设计、施工进度计划、技术规范等，为编制工作奠定基础。再次，根据工程量清单，采用定额估算、类比估算等方法，科学测算各种物资的需求量。在此基础上，结合市场调研情况，拟定最优的采购计划和供应商选择方案。最后，编制形成正式的物资需求计划书，对物资的品类、规格、数量、质量要求、到货时间、供应商等进行明确规定，经审批后组织实施。

在物资需求计划编制过程中，要注重加强各参与主体之间的沟通协调，建立科学规范的数据管理和信息共享机制。通过定期召开碰头会、现场协调会等方式，及时研究解决编制工作中遇到的问题，不断优化完善物资需求计划。同时，还要高度重视计划的动态管理，根据施工进度和现场情况的变化，及时调整优化物资需求计划，确保物资供应与施工需求精准匹配、同步协调。

此外，物资需求计划编制还要坚持节约优先、环保优先的原则，优先选用节能环保型材料和设备，最大限度地降低工程成本和资源消耗。在保证工程质量和进度的前提下，要注重优化物资需求结构，减少不必要的物资浪费，提高物资利用效率。例如，通过推行物资集中采购、供应商库存管理等策略，减少物资积压和过期失效；加强现场物资管理，严格控制领用发放，杜绝"跑冒滴漏"；积极推广新材料、新工艺的应用，提高材料的耐久性和可循环利用率。

二、物资采购与供应管理

（一）供应商选择

供应商选择是公路施工物资准备的关键环节，对工程质量、进度和成本的控制起着至关重要的作用。在选择供应商时，施工单位需要综合考虑供应商的资质、信誉、供货能力、产品质量、价格等多方面因素，以确保物资供应的及时性、稳定性和经济性。

首先，供应商的资质和信誉是选择的基础。施工单位应对潜在供应商的营业执照、生产许可证、质量体系认证等资质证书进行严格审查，确保其具备合法的生产经营资格。同时，还应通过实地考察、业内评价、合作历史等渠道，全面了解供应商的市场信誉、财务状况、管理水平等，评估其履约能力和诚信度。只有资质齐全、信誉良好的供应商，才能为工程提供可靠的物资保障。

其次，供应商的供货能力和产品质量是选择的核心。公路施工对物资的需求量大、品种多、时间紧，这就要求供应商具有充足的生产能力、合理的库存水平和灵活的调配机制，能够根据施工进度及时、足量地提供合格的物资。因此，施工单位需要深入调研供应商的生产规模、技术工艺、质量控制等，确保其产品达到设计和规范要求。必要时，还可以通过送样检测、小批量试用等方式，对产品质量进行直接评价和筛选。

再次，供应商的报价水平也是选择时需要权衡的重要因素。在保证质量的前提下，施工单位往往希望以尽可能低的价格采购物资，以节约成本，提高经济效益。但同时也要警惕某些供应商通过低价竞标获取订单，却在供货过程中以次充好、缺斤短两，最终导致工程质量受损和进度拖延。因此，施工单位在比价的同时，还应考虑供应商报价的合理性，对异常低价保持审慎态度，必要时可要求供应商提供详细的成本测算依据。

然后，建立供应商评价体系和动态管理机制，也是优化选择、规避风险的有效手段。施工单位可以从供货及时率、产品合格率、服务响应度等维度，对供应商履约情况进行量化评估，并按照评价结果对供应商进行分类管理，对优秀供应商给予重点支持和激励，对问题供应商及时预警和约谈，直至淘汰出局。同时，还应关注相关市场的动态变化，适时引入新的优质供应商，保持供应渠道的竞争力和多元化。

最后，加强与供应商的沟通协作，构建战略合作伙伴关系，是实现共赢的必由之路。施工单位与供应商不应局限于单纯的买卖关系，而应在互信互利的基础上，建立长期稳定的合作机制。双方可以通过信息共享、技术交流、联合创新等方式，共同优化产品方案，改进生产工艺，提升供应链效率，实现优势互补和利益共享。当双方形成命运共同体时，供应商才会将施工单位的利益作为自身追求，更好地保障物资供应的高质高效。

（二）采购合同管理

采购合同管理是公路施工物资准备中的关键环节，其管理水平直接影响着工程项目的质量、进度和成本。良好的采购合同管理不仅能够保障物资供应的及时性和连续性，降低采购成本，提高资金使用效率，还能够促进供应商与施工单位之间的战略合作，实现互利共赢。

采购合同的制定是采购合同管理的基础。在制定采购合同时，需要全面考虑工程项目的实际需求、市场供应情况、价格波动趋势等因素，科学合理地确定采购物资的品种、规格、数量、质量标准、交货时间、付款方式等关键要素。同时，合同条款应当明确双方的权利义务，对可能出现的问题和风险进行预估，并提出相应的应对措施。例如，可以在合同中约定物资质量检验方式、不合格品处置办法、违约责任认定标准等，以最大限度地维护施工单位的合法权益。

采购合同的执行监督是采购合同管理的重点。在合同执行过程中，施工单位应当建立完善的物资验收、结算等管理制度，严把质量关，确保所采购物资满足工程建设需要。对于交货不及时、质量不达标等违约行为，要及时与供应商沟通，必要时可以依据合同条款进行索赔或终止合同。同时，施工单位还应加强对供应商的履约能力和信用状况的动态评估，建立供应商档案，为后续工程项目的采购提供决策参考。

采购合同的变更管理是应对市场变化的有效手段。在工程建设过程中，由于设计变更、工期调整、不可抗力等因素的影响，原有采购合同可能难以满足实际需求。这就需要施工单位与供应商及时沟通，在保证工程质量和进度的前提下，合理调整采购物资的品种、数量、交货时间等合同要素。对于合同变更可能带来的成本增加，双方应本着公平合理的原则进行协商，必要时可以引入第三方进行评估和裁定。

采购合同的档案管理是采购合同管理的基础性工作。完整、系统的采购合同档案不仅是施工单位进行采购成本核算、工程结算的重要依据，也是处理供应商履约纠纷、工程质量事故的法律证据。因此，施工单位必须高度重视采购合同的归档和保管，明确由专人负责，确保档案资料的完整性、准确性和安全性。利用信息化手段，建立电子档案管理系统，能够进一步提高档案管理效率，为合同查询、统计分析等提供便利。

采购合同管理是一项系统性、专业性较强的工作，需要施工单位与供应商的通力合作。施工单位应当树立法治意识和契约精神，严格遵守合同约定，在维护自身权益的同时也要尊重供应商的合法权益。供应商则应当恪守商业信用，以高度负责的态度履行合同义务，保证物资供应的质量和及时性。双方唯有秉持互信互利的合作理念，才能实现采购合同管理的规范化、标准化、精细化，为公路工程建设提供坚实的物资保障。

（三）采购流程优化

采购流程优化是公路施工物资准备的重要环节，对于保障工程进度、控制成本、提高质量具有重要意义。传统的采购模式存在诸多弊端，如采购周期长、成本高、质量难以保证等，已经无法适应现代公路施工的需求。因此，深化采购流程改革，引入先进的管理理念和技术手段，已经成为业界的共识和努力方向。

精简采购环节是优化采购流程的关键举措。传统的采购流程往往涉及需求提报、供应商选择、合同签订、物资验收等多个环节，各环节之间衔接不畅，会导致采购周期冗长。为了突破这一瓶颈，施工企业应在全面梳理现有流程的基础上，重点优化关键环节。例如：引入电子化采购平台，实现需求汇总、询价、比价、订单生成等环节的自动化处理；建立合格供应商库，简化供应商资质审查流程；优化验收流程，减少不必要的检测环节，加快物资入库速度。通过系统优化关键环节，可以显著缩短采购周期，提高采购效率。

引入信息化管理是提升采购管理水平的重要手段。在信息技术快速发展的时代，借助信息化手段优化采购流程已经成为发展趋势。施工企业应积极引入电子采购系统，利用大数据、云计算等技术，实现采购全过程的信息化管理。例如：通过供应链管理系统整合上下游企业信息，实现需求预测、库存管理、订单跟踪等功能，减少信息孤岛，提高协同效率；运用大数据分析技术，挖掘历史采购数据，优化采购策略，实现精准采购；借助移动应用终端，实现移动办公、在线审批、实时跟踪等功能，提高采购人员的工作效率。信息化管理不仅能够优化采购流程，提高管理水平，还能够积累数据资产，为企业决策提供有力支撑。

规范采购行为是保障采购质量的内在要求。即使采购流程很完善，但如果采购行为不规范，也难以确保物资质量。因此，在优化采购流程的同时，还必须加强对采购行为的管理。一方面，要建立健全的制度体系，明确各岗位职责，规范操作流程，加强过程监管，堵塞制度漏洞；另一方面，要加强对采购人员的教育培训，提高其业务能力和职业道德素养，使其自觉抵制商业贿赂等不正当行为。只有从制度和人员两个维度入手，才能从根本上规范采购行为，保障物资采购质量。

采购流程优化是一项系统工程，需要从流程优化、信息化应用、行为规范等多个方面入手，统筹推进。只有立足行业特点，遵循管理规律，不断创新机制、完善制度、优化流程，才能真正实现采购管理的现代化、精细化、规范化，为公路施工项目的高效实施提供有力保障。这既是企业提质增效的必由之路，也是推动行业高质量发展的必然要求。

第三章 路基施工技术与质量控制

第一节 路基工程概述

一、路基工程的定义与分类

（一）路基工程的定义

路基工程是公路建设的基础，是指利用石料、土料等材料修筑路基，为路面结构提供支撑和良好工作环境的工程。路基工程的质量直接关系到公路的使用寿命、行车安全和行车舒适度，在公路工程中占有极其重要的地位。因此，深入理解路基工程的内涵和特点，掌握其设计施工规律，对于保障公路建设质量、提升公路服务水平具有重要意义。

从本质上看，路基工程是一项复杂的系统工程，涉及勘察设计、材料选择、施工工艺、质量控制等多个环节。这些环节相互关联、相互制约，需要公路建设者协调各方，统筹兼顾，才能实现路基工程的最优化。具体来说，勘察设计是路基工程的首要环节，它需要设计者充分考虑路线所经地区的地形地貌、地质条件、气候特征等因素，合理选线、定线，并对路基断面形式、尺寸、坡度等参数进行科学设计。只有做好勘察设计工作，后续施工才能有章可循，实现事半功倍的效果。

材料选择是影响路基工程质量的关键因素。路基填料一般采用砂砾、碎石等石料，以及粉土、黏土等土料。所选材料的质量直接关系到路基的稳定性和耐久性。因此，施工单位必须严格把关，选用优质材料，并对材料的产地、规格、级配等进行严格控制，确保材料质量满足设计和规范要求。同时，还要注意不同材料的搭配使用，发挥其各自的优势，形成互补效应。

科学合理的施工工艺是保障路基工程质量的必要条件。路基施工一般包括场地清理、填筑、压实、排水、防护等多道工序，每道工序都有相应的施工技术要点和质量标准。例如，填筑施工要分层进行，每层铺料厚度要均匀，并做到先粗后细、先疏后密；压实施工要根据材料特性和气候条件，选择合适的压路机械，控制好碾压遍数、行驶速度和振动频率，确保压实度满足要求；排水、防护措施要因地制宜，与路基主体相协调，确保路基稳定和安全。可见，只有严格执行规范要求，精益求精，才能建成质量过硬的路基工程。

质量控制贯穿路基工程建设的全过程。为了确保工程质量，施工单位必须建立完善的质量管理体系，制定严格的质量控制措施。这包括原材料质量控制、施工过程控制、成品质量检验等多个方面。通过事前预防、事中控制、事后检验等手段，及时发现和消除质量隐患，不断改进施工工艺，持续提升工程质量。同时，还要加强质量责任意识，强化奖惩机制，调动全员参与质量管理的积极性，形成追求卓越的质量文化。

站在更高的角度审视，路基工程还应体现"以人为本"的建设理念。一方面，路基工程要充分考虑使用者的感受，力求提供平顺、安全、舒适的行驶条件，最大限度地满足人们的出行需求。另一方面，路基工程的建设还要尊重自然，与周边环境相协调，最大限度地减少对生态的影响。因地制宜地采取环保措施，与当地地形、地貌相结合，做到因势利导、顺势而为，才能实现人与自然的和谐共生。

（二）路基工程的分类

路基工程按照修筑材料和工艺的不同，可以分为多种类型。土质路基是最为常见的一种，它是利用天然土体或者填筑土按照一定的几何尺寸修筑而成的。这类路基施工工艺相对简单，造价较低，但对土质要求较高，需要对土体进行必要的压实和防护处理，以提高路基的强度和稳定性。

砂砾石路基主要用于路况条件较差、气候环境恶劣的地区。与土质路基相比，砂砾石路基具有承载力高、排水性能好、耐久性强等优点。但其造价相对较高，施工工艺也更加复杂，需要专门的机械设备和技术人员。在实际应用中，砂砾石路基多用于重要的高等级公路和特殊路段。

水泥稳定土路基是指在天然土中掺入一定比例的水泥，经过拌和、碾压而形成的一种组合式路基。添加水泥可以显著改善土质路基的力学性能，提高其抗压强度、抗冲刷能力和水稳定性。同时，水泥稳定土路基的施工周期较短，能够有效缩短工期。这类路基多应用于交通量大、气候湿热的地区。

除了常规的土质、砂砾石和水泥稳定土路基外，还有一些特殊类型的路基，如加筋土路基、滤层式路基等。加筋土路基采用土工合成材料对土体进行加筋，形成一种复合式结构。这种做法能够有效提高路基的抗拉强度和整体稳定性，提高路基的抗变形能力。滤层式路基则在路基下部铺设砂砾石滤层，利用其良好的排水和隔离作用，防止路基被地下水浸泡而发生软化变形。

路基类型的选择需要综合考虑多方面因素，如工程所在地的地形地质条件、气候环境、交通量大小、施工难易程度、造价预算等。不同类型路基各有其适用条件和优缺点，没有绝对的优劣之分。关键是要根据实际情况，权衡利弊，选择最经济、最合理的路基方案。

此外，随着科技的进步和新材料的出现，一些新型路基也逐渐进入人们的视野。例如，泡沫混凝土路基利用泡沫混凝土的轻质高强、自保温等特点，替代部分土方用于路基填筑，从而减轻路基荷载，改善路基的隔热防护性能。再如，粒料稳定剂路基采用专门的粒料稳定剂对集料进行处理，提高路基材料的黏合性和稳定性，延长路基使用寿命。这些新技术、新工艺为路基工程建设提供了更多选择，有助于进一步提升路基质量，促进公路事业的发展。

二、路基工程的基本构造

（一）路基的组成部分

路基是公路工程的基础，其组成部分的质量直接关系到整个公路工程的施工质量和使用寿命。一般来说，路基主要由填方路基、挖方路基、路床、排水设施等几个部分组成。

填方路基是利用外界土料填筑而成的路基，是路基中的主要组成部分。填方路基的施工质量关系到路面的平整度和行车的舒适性。为保证填方路基的施工质量，应严格控制填料的级配和含水量，并采用分层填筑、分层压实的施工工艺。填筑过程中，要注意纵横坡度的控制，确保排水顺畅。同时，为减少路堤沉降对路面的影响，需在填筑前对地基进行处理，必要时可铺设土工格栅等增强材料。

挖方路基是通过开挖山体或高地形成的路基，多见于山区公路。与填方路基相比，挖方路基对地质条件的要求更高，施工难度也更大。在挖方路基施工中，应严格控制开挖边坡的坡度和高度，必要时采取喷锚支护、锚杆挂网等边坡防护措施，确保边坡稳定。对于软弱地基，还需进行加固处理，如换填、强夯等。挖方路基还应设置截水沟等排水设施，防止地表水和地下水对边坡的冲刷和软化。

路床是路面结构的基础，直接承担车辆荷载并将其传递给下层结构。路床的强度、稳定性和排水性能对路面的使用性能有决定性影响。因此，路床填料必须符合级配良好、强度高、压缩性小等质量要求。路床施工时应控制含水量，并采用分层填筑、分层压实的方法，确保压实度满足设计要求。对于饱和软黏土等不良地基，还需采取换填、强夯、土工格栅加筋等地基处理措施，提高地基承载力，减少不均匀沉降。

排水设施是路基防护体系的重要组成部分，包括边沟、截水沟、急流槽等。排水设施的设置应根据路线区域的水文地质条件进行优化，并与路基防护、路面排水进行统筹兼顾。在填方路段，应设置边沟和急流槽引导路面水和坡面水，防止水对边坡的冲刷。在挖方路段，应在坡顶设置截水沟，拦截地表水，减少雨水渗入对边坡稳定性的影响。排水沟断面形式的选择应与当地降雨特征、地形条件相适应，并留有一定的超高，确保排水通畅。

路基的组成部分错综复杂，涉及土工、地质、水文、材料等多个学科领域。只有正确认识路基各组成部分的作用，并有针对性地采取质量控制措施，才能确保路基工程的施工质量。同时，路基作为公路工程的基础，其施工还必须与路面、桥梁、涵洞等相关工程紧密衔接，统筹兼顾。这就要求施工单位具备较强的技术实力和组织管理能力，能够准确把握工程全局，协调好各专业之间的关系。

（二）路基的结构层次

路基作为公路工程的基础，其结构的合理性和稳定性直接关系到公路的使用性能和安全性。为了确保路基工程质量，设计人员需要根据公路等级、交通量、气候条件等因素，科学设计路基的结构层次。一般来说，路基可以分为路床、垫层、基层和面层四个主要结构层次。

路床是路基的最底层，承受着来自路面的荷载并将其传递至地基。路床土必须具有足够的强度、刚度和稳定性，以避免产生过大变形而影响路面的平整度。同时，路床还应具有良好的排水性能，防止雨水浸泡而软化或冻胀引起破坏。为了满足这些要求，设计时通常采用级配良好的砂砾石料或稳定性好的砂性土作为路床填料，并进行必要的压实和排水处理。

垫层位于路床之上，其作用是提高路基的承载能力，改善应力分布，防止路面产生反射裂缝。垫层一般由级配合理的砂砾石料组成，厚度通常为 15～20 cm。

在垫层之上铺筑基层，基层承担着分散和传递荷载的重要职责。常用的基层材料包括水泥稳定碎石、水泥稳定砂砾、石灰粉煤灰稳定碎石等。基层的厚度一般为 20～40 cm，视公路等级和交通量而定。

面层是路基的最上层，直接承受车辆的碾压。面层需要具备高强度、高刚度、耐久性和防滑性等特点，以保证行车的舒适性和安全性。针对不同的使用要求，面层可选用沥青混凝土、水泥混凝土、砌块等多种材料。面层厚度一般不超过 25 cm，但对于特殊路段如收费站、服务区，则需要适当增加厚度以承受频繁的车辆制动和起步带来的剪应力。

除了以上主要结构层次外，路基横断面还需设置排水系统和防护工程。路基排水的目的是及时排出雨水和地下水，避免路基土含水量增加而强度降低。常见的排水措施有纵向盲沟、横向渗沟、路肩截水沟等。防护工程则是为了加固路堤边坡，抵御自然灾害的侵蚀。护坡工程可根据边坡的岩土性质、气候条件、植被状况等因素采取喷混凝土、锚杆挂网、种植草皮等防护形式。

第二节 路基施工基本技术

一、路基填筑技术

（一）路基填筑材料选择

路基填筑材料的选择是公路施工中至关重要的环节，它直接影响道路的稳定性、耐久性和使用性能。科学合理地选用路基填筑材料，不仅能够保证路基工程质量，降低施工成本，还能延长公路使用寿命，减少后期维修次数。因此，在进行路基填筑材料选择时，必须遵循相关标准和规范，综合考虑材料的物理力学性质、环境适应性、经济性等多方面因素。

路基填筑材料通常包括土、石以及二者的混合料。在选择时，首先要考虑材料的工程地质特性，如颗粒级配、密实度、含水量、塑性指数等指标。一般来说，粒径分布均匀、级配良好的材料更有利于压实，强度和稳定性也更高。同时，路基填筑材料的含水量应控制在合理范围内，既要满足施工和压实的需要，又要避免过高的含水量引起工后沉降。对于高液限黏土等特殊土质，还需进行塑性指数的检测和评价。

除了物理力学性质外，路基填筑材料的环境适应性也是选择时需要重点考虑的因素。公路建设往往涉及不同的地质和气候条件，路基填筑材料必须能够适应当地温度、湿度、降水等环境因素的影响。例如，在寒冷地区，路基填筑材料应具有良好的抗冻性能，避免冻融循环引起的体积膨胀和强度降低。在炎热干燥的地区，路基填筑材料则应有较好的耐高温性能和水稳定性。对于一些特殊路段，如滨海路基、盐渍土路基等，还需选择耐盐碱和抗硫酸盐侵蚀的路基填筑材料。

经济性是影响路基填筑材料选择的又一个重要因素。在满足工程技术要求的前提下，应尽量选择在当地容易获得、运输条件便利、价格低廉的材料。合理利用路线周边的土石资源，不仅能节约工程成本，还能减少材料运输对环境的影响。对于一些难以就地取材的路段，也可考虑使用工业废渣、建筑垃圾等废弃物作为路基填筑材料，在节约成本的同时实现资源的循环利用。

科学规范的路基填筑材料选择还需建立在可靠的室内外试验研究基础之上。在确定路基填筑材料之前，必须进行材料的物理力学试验、环境适应性测试，以验证其是否满足设计标准和规范要求。特别是对一些新型路基填筑材料，如加筋土、轻质土、泡沫沥青稳定土等，更需进行系统、深入的试验研究，全面评价其工程适用性。只有建立起完善的试验评价体系，才能为工程实践提供可靠的参考依据。

路基填筑材料选择是一项复杂的系统工程，需要工程技术人员具备扎实的专业知识和丰富的实践经验。除了遵循相关标准和规范外，还要因地制宜，从当地的地质、气候、资源条件出发，综合考虑材料的工程适用性、环境协调性和经济合理性。只有不断优化材料配置，改进施工工艺，提高材料利用效率，才能在确保工程质量和安全的同时，实现路基建设的节能环保、经济高效。这不仅关系到单个工程的成败，更关乎整个交通基础设施建设的可持续发展。

（二）路基填筑层次控制

路基填筑施工是保证路基强度和稳定性的关键环节，其质量直接影响到整个道路工程的使用寿命和行车安全。在实际施工中，路基填筑层次的合理控制是实现路基高质量施工的重要手段。通过科学设计路基填筑层次，优化填料配比，改善压实工艺，能够有效提高路基的压实度和均匀性，从而增强路基的承载能力和抗变形能力。

路基填筑层次的控制应遵循"薄层多遍，均匀压实"的基本原则。传统的厚层填筑易导致上下层之间压实度不均，产生软弱夹层，埋下路基病害的隐患。而采用薄层填筑则能够实现各层之间的紧密咬合，避免层间脱空和不均匀沉降。一般来说，单层填筑厚度不宜超过 30 cm，且应根据填料性质、压实设备的类型和工作状态等因素进行动态调整。对于黏性土、粉质土等含水量较高的填料，单层厚度应适当减小，以利于控制含水量和促进固结排水。

在确定路基填筑层次时，还应综合考虑路基高度、路基填筑材料、施工工期等因素。对于高填方路基，可采用阶梯式分层填筑，即先填筑两侧，再填筑中间，逐层压实，提高填筑效率。对于采用砂砾石等级配良好的填料，可适当增大单层填筑厚度，加快施工进度。但需注意，过厚的填筑层会增加压实难度，影响压实质量。因此，在兼顾工期和成本的同时，还应以保证填筑质量为首要目标，合理控制填筑层厚度。

路基填筑层次的合理控制还应与严格的质量检测相结合。在填筑过程中，应及时进行现场干密度、含水量、压实度等指标的检测，确保每一层填筑都达到设计要求。对于检测不合格的部位，应及时采取翻挖、重新填筑等措施进行处理，防止质量隐患的扩大。同时，还应加强施工全过程的动态监控，通过现场巡查、数据分析等方式，及时发现和解决施工中出现的问题，为路基填筑层次优化提供可靠依据。

此外，路基填筑层次的控制还应与先进的施工工艺和设备相适应。采用智能压路机、全断面摊铺机等现代化施工装备，能够实现填料的均匀摊铺和精准控制，提高施工效率和质量。引入全球定位系统（GPS）、北斗等定位系统，可实现填筑高程的实时监测和自动控制，减少人为误差。通过优化施工工艺流程，合理安排机械设备，协调各工序之间的衔接，能够实现路基填筑层次控制的精细化、规范化、标准化，为路基施工提供有力保障。

（三）路基填筑方法与设备

路基填筑是公路施工中至关重要的环节，其施工质量直接影响到路基的稳定性、承载力和耐久性。为了确保路基填筑的质量，必须合理选择路基填筑方法和设备，严格控制填筑过程中的各项工艺参数。当前，常用的路基填筑方法主要包括分层填筑法、整体填筑法和水平分段填筑法等。分层填筑法是指将填筑材料分为若干层，逐层摊铺、碾压，直至达到设计高度。这种方法施工工艺简单，设备投入少，适用于填筑量较小、工期较短的工程。但是，分层填筑对材料的均匀性要求较高，如果上下层之间的材料差异较大，易导致路基不均匀沉降。整体填筑法是将所有填筑材料一次性填筑到位，然后整体碾压。这种方法填筑效率高，施工周期短，特别适用于大型土石方工程。但整体填筑对施工组织和机械化水平要求较高，需要合理安排施工顺序和设备配置，避免出现漏压、欠压等质量问题。水平分段填筑法是将路基横向分为几个区段，分段填筑、分段碾压。这种方法能够有效解决因路堤宽度较大而导致的压实不均匀问题，保证路基横向密实度的一致性。同时，水平分段填筑也便于施工机械的调度和运转，提高了施工效率。在实际工程中，施工单位应根据工程规模、材料特性、设备状况等因素，合理选用一种或多种路基填筑方法。无论采用何种方法，都必须做好施工前的准备工作，如填筑材料的选择和处理、施工机械的检查和维护、施工参数的测试和控制等。只有这样,才能从根本上保证路基填筑的质量。路基填筑设备的选择也是影响施工质量的关键因素。目前,常用的路基填筑设备包括推土机、平地机、压路机等。推土机主要用于松散材料的铲运和摊铺,特别适用于大型土石方工程。推土机的型号和功率应根据填筑量和运距合理选择,以提高工作效率。平地机用于填筑材料的整平,其刀片宽度和整平精度是影响路基平整度的主要参数。对于高等级公路,通常采用自动化程度较高的平地机,以保证路基表面的平整度满足要求。压路机是路基填筑中的关键设备之一,其类型和性能直接决定了路基的压实质量。常见的压路机包括光轮压路机、胶轮压路机和振动压路机等。除了常规压路机外,一些特殊路段如桥头过渡段、隧道洞口等,还需要采用小型压路机或手扶式压路机进行补充压实,以保证路基压实的均匀性和连续性。公路部门应结合项目实际,科学选用各类型路基填筑设备,优化设备组合,配备专业人员进行操作和维护,最大限度地发挥设备效能。先进合理的填筑设备,不仅能够加快工程进度,降低人力成本,更能有效保证路基填筑质量,为后续施工奠定坚实的基础。

二、路基压实技术

(一)压实设备选择

压实设备的选择是路基施工中的关键环节之一。在实际施工过程中,需要根据路基填料的类型、含水量、压实厚度等因素,选择合适的压实设备,才能确保路基的压实质量满足设计和规范要求。目前,常用的路基压实设备主要包括光轮压路机、胶轮压路机、振动压路机和强夯机等。

光轮压路机主要用于粗粒料、中粗粒料路基的压实。其特点是线压大,压实能力强,但容易将石料压入下层,影响压实质量。因此,在使用光轮压路机时,应严格控制每层填土的厚度,避免过厚填土导致的压实不均匀问题。同时,还应注意光轮表面的清洁,防止黏附泥土影响压实效果。

胶轮压路机适用于粉质黏土、细砂类路基材料的压实。其优势在于自重大,接地比压高,能够有效地排挤土中水分,提高路基的压实度。但胶轮压路机的压实厚度相对较小,通常在 15~20 cm,因此在施工中需要分层填筑、分层压实,以保证每一层都能达到设计要求的压实度。

振动压路机则兼具光轮和胶轮压路机的优点,适用范围广泛。其工作原理是利用激振器产生的高频振动,使路基材料重新排列,从而达到快速压实的目的。振动压路机的压实效率高,可有效减少压实遍数,加快施工进度。但需要注意的是，振动压路机不宜用于含水量较高的黏性土路基，以免产生波浪形变或不均匀沉陷。

对于特殊路基，如深层软基、高含水量淤泥等，常规压实设备难以达到预期效果，此时可采用强夯机进行处理。强夯机通过吊锤自由下落产生巨大冲击力，能够有效地排挤软土中的水分，提高地基的刚度和强度。但强夯施工对周边环境影响较大，需要采取相应的防护措施，并严格控制锤击参数，确保施工安全和质量。

除了压实设备的选择，施工过程中还应密切关注压实设备的工作状态。例如，要定期检查光轮表面、胶轮气压、激振器等关键部件，发现问题及时维修或更换，以保证设备的正常运转。同时，操作人员应熟悉设备的性能和操作规程，根据现场情况合理调整行走速度、振动频率等参数，充分发挥设备的压实效能。

路基压实质量的检测也是设备选择和使用中不可忽视的一环。常用的检测方法包括环刀法、灌砂法、水洗筛分法等，通过测定路基的干密度、含水量、压实度等指标，评价压实效果是否满足设计要求。检测结果不仅为设备选择提供了依据，也为施工参数的优化调整提供了重要参考。

（二）路基压实工艺流程

路基压实工艺流程是路基施工的关键环节，其目的在于提高路基的强度和稳定性，延长公路使用寿命。科学合理的路基压实工艺流程不仅能够有效改善路基土的工程性质，提高其抗变形能力和承载力，还能够防止路基沉降、开裂等质量问题的发生。因此，掌握并优化路基压实工艺流程，对于保障公路工程质量和安全具有重要意义。

路基压实工艺流程通常包括碾压设备选择、压实层厚度控制、含水量调整、碾压遍数确定等多个环节。在选择碾压设备时，应根据路基土的类型、施工条件等因素，合理确定碾压机械的型号和数量。一般来说，黏性土路基多采用羊角碾、光轮压路机等静压设备，而砂性土路基则多使用振动压路机等动压设备。同时，还应根据施工进度要求和设备性能参数，优化设备配置方案。

压实层厚度控制是保证路基压实质量的关键。如果压实层厚度过大，则难以达到设计压实度要求；而如果压实层厚度过小，则会降低施工效率，增加工程成本。因此，应根据路基土的类型、压实设备的性能等因素，合理确定每层土的松铺厚度。一般来说，黏性土路基的松铺厚度控制在 20～30 cm，而砂性土路基的松铺厚度可适当增加至 30～40 cm。

路基土的含水量也是影响压实质量的重要因素。过高或过低的含水量都会降低土的可压缩性，导致压实效果不佳。因此，在碾压前，应根据路基土的最佳含水量，调整土的含水量至最佳范围。这可以通过晾晒、洒水等方式来实现。同时，在碾压过程中，还应根据天气变化情况，及时调整含水量，确保路基土始终处于最佳施工状态。

碾压遍数的确定也需要综合考虑多方面因素。过少的碾压遍数无法保证路基达到设计强度，而过多的碾压遍数则会降低施工效率，增加工程成本。因此，应根据压实设备的型号、路基土的类型等因素，通过试验段的方法，确定最佳碾压遍数。一般来说，黏性土路基的碾压遍数为 8～12 遍，而砂性土路基的碾压遍数为 4～8 遍。

除了上述关键环节外，路基压实工艺流程还应包括压实效果的检测与验收。这需要采用压实度、弯沉值、回弹模量等指标，评价路基的承载力和稳定性。只有压实质量满足设计和规范要求，才能进行下一道工序施工。

（三）压实质量检测

在压实质量检测过程中，现场密度测试是最为关键的一个环节。它通过测量压实层的干密度，计算其压实度，来评价压实质量是否达到设计要求。目前，现场密度测试主要采用灌砂法、环刀法等直接测试方法，以及置换法、辐射法等间接测试方法。其中，灌砂法因其操作简单、结果准确而得到广泛应用。该方法是在压实层上开挖一个规定体积的洞，用标准砂填充，通过称量砂的质量计算出洞的体积，进而得出土的干密度。但灌砂法也存在一定局限性，如对检测人员的操作水平要求较高，检测过程易受天气条件影响等。

为了克服传统检测方法的不足，一些新型无损检测技术应运而生。其中，地质雷达技术凭借其快速、无损、连续等优势，在压实质量检测中得到越来越多的应用。地质雷达通过发射高频电磁波，接收反射信号，可以连续、高效地测量路基内部的介电常数变化，间接反映压实质量的分布情况。与传统方法相比，地质雷达检测不仅效率更高，而且可以获得连续的压实度剖面图，为质量评价和施工控制提供更加全面、直观的依据。

除了现场密度测试，压实质量检测还应该与其他质量控制手段相结合，构建多元化的质量评价体系。例如，通过对压实设备的性能监测和数据分析，可以实现对压实过程的动态控制，及时发现和解决影响压实质量的问题。又如，利用 GPS、大数据等信息化技术，可以实现对施工过程的实时监控和质量溯源，为工程验收和后期养护提供可靠依据。

综合运用先进的检测技术和信息化手段，建立完善的质量控制体系，是保障路基施工质量的必由之路。这不仅需要施工单位加大技术创新和设备投入，更需要监理、建设、科研等各方密切配合，形成合力。只有不断探索压实质量检测的新思路、新方法，提高质量控制的科学性和有效性，才能从根本上提升路基工程的建设水平，为公路的安全、舒适、耐久奠定坚实基础。

三、路基排水技术

（一）路基排水系统设计

路基排水系统的设计是公路施工中至关重要的一环，它直接关系到路基的稳定性和使用寿命。科学合理的路基排水系统能够有效防止雨水对路基的侵蚀，避免路基土体含水量过高导致强度下降，从而保证行车的安全和舒适。因此，路基排水系统的设计必须遵循因地制宜、综合治理的原则，结合道路等级、气候条件、水文地质等因素，采取切实可行的排水措施。

路基排水系统通常由地表排水和地下排水两部分组成。地表排水的主要任务是将路面、路肩以及边坡上的地表水迅速导离，防止其渗入路基。常见的地表排水设施包括纵向排水沟、横向排水沟、集水井等。其中，纵向排水沟设置在路肩外侧，用于汇集路面水并排入就近的沟渠或天然水体；横向排水沟布置在边坡上，用于拦截地表径流，避免雨水冲刷边坡；集水井则用于汇集地表水，并通过管道排入周边水体。在设计地表排水系统时，应注重排水沟断面形式和尺寸的选择，既要满足排水能力的要求，又要兼顾经济性和施工便利性。

地下排水是指通过设置渗沟、盲沟、暗沟等设施，降低路基土体含水量，提高其强度和稳定性。渗沟布设在路基底部，用于汇集渗入路基的地表水和地下水；盲沟设置在路堑边坡脚或路堤坡脚，用于截获坡面渗水；暗沟则敷设在路基纵向，用于排除路基内部水分。选择地下排水设施时，应根据路基填料的渗透性、地下水位高低等因素确定，并采用级配良好的砂砾石料作为反滤层，防止排水设施堵塞。同时，为了便于排水系统的养护和检修，应在适当位置设置检查井，定期清淤疏浚。

除了常规的排水设施外，生态排水理念也逐渐受到重视。生态排水强调利用自然力量，通过地表植被、土壤、地形等的综合作用，达到削减径流、净化雨水的目的。例如，在边坡上种植草本植物，可以增加下渗、减少径流；在纵向排水沟旁设置植草沟，可以拦截泥沙、净化污染物；在路基周围布设雨水花园，可以收集净化雨水，补充地下水。这些生态排水措施不仅能够降低路基排水系统的负荷，还能够改善道路沿线的生态环境，体现了可持续发展的理念。

（二）排水材料选择

路基排水系统中排水材料的选择至关重要，它直接关系到路基排水的效果和道路使用寿命。在选择排水材料时，需要综合考虑材料的渗透性、耐久性、强度、环保性等多方面因素，以确保排水系统的可靠运行。

常用的路基排水材料包括砂砾石、无纺布、聚乙烯排水板等。砂砾石具有良好的渗透性和强度，能够有效截留地下水并快速排出路基，但其容易发生淤堵，需要定期维护。无纺布具有优异的渗透性和过滤性能，能够有效阻隔土粒，防止排水系统堵塞，但其强度较低，易被压密，影响排水效果。聚乙烯排水板渗透性强、强度高，能够有效收集和导排地下水，但造价较高，对施工工艺的要求更严格。因此，在选择排水材料时，要根据工程实际情况，权衡各材料的优缺点，选择性价比最优的方案。

除了材料自身性能，排水材料的级配也是影响排水效果的关键因素。良好的级配能够形成稳定的排水通道，防止土粒进入排水层，维持排水系统长期有效地运行。一般采用粒径较大的材料作为主体，粒径较小的材料用于填充空隙，形成粒径分布合理、密实度高的排水层。同时，还需注意排水材料的粒径与土工布的孔径相协调，避免土工布堵塞或排水材料外流。

排水材料的环保性也日益受到重视。传统的排水材料在生产和使用过程中可能造成环境污染，如骨料开采导致水土流失、化学材料对土壤和水体的污染等。因此，越来越多的工程开始采用绿色环保型排水材料，如再生骨料、可降解塑料等，以减少对环境的负面影响。这不仅符合可持续发展理念，也是社会责任和生态文明建设的必然要求。

此外，排水材料的经济性也是选材时需要考虑的重要因素。一般来说，天然材料造价低廉，但性能和耐久性可能不足；而人工合成材料性能优异，但成本较高。因此，需要在满足排水性能要求的前提下，尽量选择经济适用的材料，控制工程造价，提高投资效益。同时，还应该考虑材料的供应情况、运输条件等因素，确保材料及时供应，避免工期延误。

（三）排水施工方法

路基排水施工是确保公路工程质量和延长使用寿命的关键环节。公路路基长期处于自然环境中，不可避免地受到雨水、地下水等水害因素的影响。如果排水设施不完善，积水会软化路基，降低其承载能力，加速路面损坏，严重时还可能引发路基坍塌等安全事故。因此，精心设计并规范排水施工，对于保证公路工程的整体质量和公路的使用性能具有决定性意义。

从排水方式上看，路基排水可分为地表排水和地下排水两大类。地表排水的作用是及时截留和疏导路基地表水，防止雨水冲刷路肩和边坡。施工时应严格按照设计图纸放样，控制边沟纵坡和横断面尺寸，并采用混凝土或浆砌片石进行衬砌，提高排水构造物的稳定性和耐久性。对于路堑段，还需在开挖后及时修筑截水沟，拦截地表水，避免其冲刷路堑边坡。

地下排水的主要任务是有效降低地下水位，及时排除渗入路基的水分，维护路基的稳定性。常见的地下排水设施包括盲沟、渗沟等。盲沟设置在路基底部，用于汇集和排出渗入路基的水分，施工时应严把砂砾石料级配关，并采用土工织物包裹，防止盲沟堵塞。渗沟贯穿路基，将渗水引入路肩排水系统，其断面尺寸和布置间距应根据渗透系数等水文地质参数确定。在实施地下排水施工时，还应结合现场情况灵活处理，如在渗水严重的弱化段铺设土工布等，切实提升排水效果。

施工工艺方面，应优先采用机械化施工，提高排水沟槽开挖质量和效率。对于尺寸较大的排水沟，宜采用汽车吊和液压挖掘机配合作业；狭窄或断面变化大的部位，则需要人工修整和整平沟底。浆砌片石衬砌应做到抹面平整，勾缝密实，无污染和杂质。混凝土衬砌则要求振捣密实，防止露筋、蜂窝麻面等缺陷，并及时进行养护。为提高排水系统的完整性，施工中还需同步设置检查井、流水观测点等附属设施，为后期维护管理创造条件。

质量控制是排水施工的重中之重。施工前，应全面了解工程所在区域的水文地质条件，优化排水设计方案。开工后，要加强原材料质量抽检，砂砾石料应洁净无杂，水泥、钢筋等应出厂合格，并按规定留置试块。混凝土拌和要均匀，坍落度应满足施工要求。浇筑过程中，要对衬砌厚度和沟底高程进行实时监控，发现偏差及时调整。工序验收应重点检查沟型断面、纵坡和表面平整度等指标，确保排水顺畅、不漏不渗。竣工验收时，还需模拟降雨条件，检验排水系统的整体运行效果。

四、路基防护技术

（一）路基防护材料应用

路基防护是保障公路工程安全和质量的关键环节，其材料选择直接影响着防护效果和结构耐久性。在实际工程中，路基防护材料的应用需要综合考虑工程条件、环境特点、材料性能等因素，以实现强度高、变形小、耐久性好的防护效果。

常用的路基防护材料主要包括土工合成材料、土工格栅、土工布、混凝土预制块、浆砌片石、生态袋等。其中，土工合成材料以其质轻、强度高、透水性好等优点在路基防护中得到广泛应用。土工格栅能够增强路基内部的抗剪强度，提高路基整体稳定性。土工布则可以有效隔离软弱下卧层，防止路基沉陷和变形。混凝土预制块施工便捷，防护效果良好，特别适用于对防护体美观性有要求的路段。浆砌片石防护虽然施工工艺相对复杂，但能够很好地与周边环境相融合，在生态敏感区等特殊路段应用较多。生态袋兼具透水性和柔韧性，能够实现对边坡的柔性防护，并为植被恢复创造良好条件。

在路基防护材料的选择中，工程地质条件是首要考虑因素。对于软土路基，应优先选用土工格栅、土工布等材料进行加筋处理，提高地基承载力和稳定性。对于膨胀土路基，则需采用透水性良好的防护材料，疏导地下水，防止土体吸水膨胀引起的路基变形。在岩质边坡防护中，可根据岩体特性和结构面理化疏松状态，选择锚杆、锚索、喷射混凝土等材料进行支护。

除了满足工程性能要求外，路基防护材料的选择还应兼顾环境协调性和景观效果。在自然景观区、水源保护区等生态敏感路段，宜优先采用生态袋、植草砖等材料，实现对边坡的柔性防护和生态修复。对于穿越城镇、景区的路段，则可选用仿石混凝土、彩色沥青等装饰性材料，营造与周边环境相协调的路域景观。

同时，路基防护材料的选择还需综合考虑工程造价和后期维护等经济因素。虽然土工合成材料造价相对较高，但其施工效率高，免除了大量人工，且耐久性好，全寿命周期内经济性更优。相比之下，浆砌片石等传统防护形式虽然直接造价低，但受材料来源、运输条件制约，且易受冻融、风化等环境因素影响，后期维修频繁，综合造价并不低。

此外，路基防护材料的应用还需配合科学的设计方法和施工工艺。设计阶段，应根据防护体所处的受力状态，合理选择防护材料的规格、布设方式，并进行整体稳定性验算。施工中则应严格控制材料质量，规范铺设、捆扎等工序，确保防护体的施工质量。同时，做好防护体与路基的排水设计，避免地表水和地下水对路基的不利影响。

（二）路基防护结构设计

路基防护结构设计是公路施工中的重要环节，它直接关系到路基的稳定性和耐久性。科学合理的路基防护结构不仅能够有效抵御外界不利因素的侵蚀，延长路基使用寿命，更能够保障行车安全，减少交通事故的发生。因此，在路基防护结构设计中，必须遵循因地制宜、经济合理的原则，综合考虑路基所处的地质条件、气候特点、交通荷载等因素，采取切实可行的防护措施。

在多变的自然环境中，影响路基稳定的外力因素错综复杂。暴雨、洪水等会对路基造成严重冲刷，导致边坡失稳、路面沉陷等问题；频繁的车辆荷载又会加速路基疲劳失效，引发结构性破坏；而温度、湿度的剧烈变化更会诱发路基材料的体积膨胀或收缩，产生裂缝或变形。面对如此多的不利因素，传统的浆砌片石、混凝土等刚性防护结构已经难以适应新的需求。因此，在现代路基防护结构设计中，柔性防护结构日益受到青睐。

柔性防护结构以土工合成材料为主要原料，通过材料的柔韧变形来适应路基的微小位移，从而达到缓冲、吸能的作用。与刚性防护结构相比，柔性防护结构具有自重轻、强度高、施工便捷等优点，能够大幅提升路基的抗灾能力。以土工格栅为例，它由高分子聚合物经拉伸、焊接而成，具有优异的抗拉强度和抗老化性能。在路基边坡防护中，土工格栅与填土通过摩擦力、咬合力形成整体，加固了土体结构，提高了边坡的稳定性。即便在暴雨冲刷下，这种柔性结构也能保持良好的变形协调性，继续发挥防护效果。

除了外部防护，路基自身的排水系统设计也十分关键。积水是诱发路基病害的主要因素之一，如果排水不畅，雨水渗入路基，就会软化土层，降低其承载力，加速结构劣化。因此，在防护设计中，要高度重视路基排水的疏导功能。常见的做法是在路基边坡、坡脚设置排水沟、急流槽等排水构筑物，及时将地表水排出路基范围；在易发生积水的路段铺设渗水管，引导水流，避免雨水下渗；在地下水位较高的区域，还可采用降水井等设施控制水位，保证路基稳定。这些排水措施的科学配置，是提高路基防护能力的有效手段。

在路基防护实践中，新材料、新工艺的应用为设计优化提供了更多可能。以生态混凝土为例，它通过在混凝土中掺入草籽，既能够改善路基的防护性能，又能够美化环境，实现了工程效益与生态效益的统一。再如植被防护技术，通过在边坡表面铺设植被毯，利用植物的根系固土，不仅能够有效防止水土流失，还能涵养水源，调节路域小气候，为打造"绿色公路"开辟了新途径。这些新颖的设计理念，代表了现代路基防护的发展方向，值得我们在工程实践中大胆尝试、推广应用。

（三）路基防护施工要点

路基防护施工作为公路建设的关键环节之一，对于确保公路工程质量、延长公路使用寿命具有重要意义。防护施工的核心目标是增强路基的抗侵蚀能力和稳定性，以有效抵御各种不利因素的影响。这就要求施工人员精心选择防护材料，优化防护结构设计，严格把控施工工艺，确保防护效果达到预期标准。

在材料选择方面，应根据公路所处地理环境、水文地质条件，以及路基土质特点等因素，因地制宜地选用路基防护材料。常用的路基防护材料包括混凝土、浆砌片石、铅丝笼、土工合成材料等。其中，混凝土凭借其高强度、高耐久性的优势，在防护施工中得到广泛应用。但混凝土也存在脆性大、柔韧性差的缺点，在荷载作用下易产生裂缝。浆砌片石具有较好的抗冲刷能力，适用于流速较大的山区河流路段防护。铅丝笼装填片石后，具有良好的柔性和透水性，可有效抵御泥石流等灾害。土工合成材料则兼具排水、防护、加筋等多重功能，在边坡防护中应用日益广泛。防护材料的选择需要兼顾技术性能、经济性、环保性等多方面因素，既要确保防护效果，又要节约成本，同时还要最大限度地减少对生态环境的影响。

防护结构设计应在满足强度和稳定性要求的基础上，兼顾排水、透气等功能需求。常见的路基防护结构形式包括护面墙、护底工程、喷锚支护、锚杆式挡土墙等。护面墙可有效抵御水流冲刷和车辆荷载作用，护底工程则侧重于对基底防冲刷能力的提升。对于陡峭边坡，往往采用喷锚支护或锚杆式挡土墙等抗滑防护结构。在设计过程中，应充分考虑荷载特性、环境条件、地形地貌等因素的影响，优化布置形式，强化防护效果。同时，还应重视防护结构与路基主体结构的协调配合，避免应力集中或变形失调等问题的发生。

防护施工要点则体现在材料质量控制、工艺流程优化、施工参数校核等诸多方面。首先要把好原材料质量关，对骨料、水泥、钢筋等材料进行严格检测，淘汰不合格产品。浆砌片石需做好石料的清洗、筛分工作，确保石料级配良好、无泥尘污染。喷锚支护施工应注重喷射混凝土的配合比设计，严控水灰比，检测早期强度，掌控喷射操作时间和技巧。铅丝笼装填应分层进行，确保片石填充密实、笼内空隙率符合要求。土工合成材料铺设则应控制搭接长度，做好定位与固定措施，避免位移或开裂问题。

防护施工质量的检测和评定是确保防护效果的重要保障。施工单位应制定完善的质量检测方案，明确检测项目、频次、标准等要求。常规的检测项目包括外观质量、尺寸偏差、强度指标、渗透系数等。对于特殊防护结构，还应开展专项检测，如锚杆拉拔试验、土工格栅拉伸试验等。检测数据应及时整理分析，对于发现的质量缺陷，要及时采取补救或返工等处理措施。质量评定应严格依据设计文件和相关标准规范的要求，确保评定结果客观公正。

从专业角度来看，公路工程中的路基防护施工涉及土木、材料、水利等多学科知识，具有较强的综合性和技术性。这就对施工人员提出了更高的要求，需要其具备扎实的理论基础和丰富的实践经验。施工单位应加强对从业人员的教育培训工作，定期开展技术交流和经验分享活动，提升队伍的整体素质和专业水平。同时，还应积极引进先进的施工工艺和装备，优化施工组织设计，提高防护施工的机械化、信息化水平，从而不断提升防护施工的质量和效率。

五、路基加固技术

（一）加固材料选择

在路基建设中，加固材料的选择至关重要，它直接影响到路基的稳定性、耐久性和承载能力。理想的加固材料应具备高强度、低变形、良好的抗侵蚀性和环境适应性等特点，同时还需要考虑施工便利性和经济性等因素。目前，常用的路基加固材料主要包括无机结合料、高分子材料、土工合成材料等几大类。

无机结合料是指水泥、石灰、粉煤灰等可与土体发生物理化学反应，提高土体强度和稳定性的材料。其中，水泥因其强度高、耐久性好、施工方便等优点被广泛应用于路基加固中。石灰也是一种传统的加固材料，通过与土体发生离子交换和胶结作用，可有效改善土体的工程性质。近年来，粉煤灰、矿渣等工业废渣也逐渐被用作路基加固材料，不仅可以降低工程成本，还具有显著的环保效益。

高分子材料则是通过其优异的力学性能和耐久性，增强土体的抗剪强度和抗变形能力。常见的高分子加固材料包括聚丙烯腈纤维、聚酯纤维、玻璃纤维等。这些材料可以通过物理方式与土体混合，形成三维网状结构，提高土体的拉伸强度和抗裂性能。同时，高分子材料还具有良好的抗老化性和耐腐蚀性，可有效延长路基的使用寿命。

土工合成材料是指由高分子聚合物制成的土工织物、土工格栅、土工膜等产品。这类材料可用于路基的隔离、防护、排水、加筋等。例如，在软土路基中设置土工格栅，可有效限制土体的横向变形，提高路基的整体稳定性；铺设土工织物则可阻止路基土与基层料的相互混合，保持路面的平整度和耐久性。

除上述几类主要材料外，还有一些特殊的加固材料和技术值得关注。例如，生物酶制剂可通过促进土体胶结，提高土的抗侵蚀性和抗冲刷性；注浆加固技术则通过向地基土体中注入水泥浆、化学浆液等，填充土体孔隙，增强土体强度。这些新型加固材料和方法为路基建设提供了更多选择。

路基加固材料的选择需要综合考虑工程需求、材料性能、施工条件、环境因素等多方面因素。只有在全面分析的基础上，科学合理地选用加固材料，才能确保路基工程的质量和耐久性，为公路的安全运营提供可靠保障。新材料和新技术的不断发展，也为路基加固带来了新的机遇和挑战。未来，如何进一步优化材料组成、改善施工工艺，研发出更加经济、高效、环保的路基加固材料，将是工程技术人员不断探索的方向。

（二）加固方法分类

路基加固是保障公路结构稳定和行车安全的关键环节。科学合理的加固方法选择，不仅关系到工程质量和路基使用寿命，更影响建设成本和养护效率。因此，系统梳理路基加固方法，建立科学的分类体系，对于指导工程实践具有重要意义。

从加固材料的角度看，路基加固可分为天然材料加固和人工合成材料加固两大类。天然材料主要包括砂石、黏土等，其优点是来源广泛、价格低廉、环境友好，但强度和耐久性相对较差。人工合成材料如水泥、石灰、沥青、化学助剂等，则具有强度高、稳定性好、施工便捷等特点，但成本相对较高，且部分材料可能对环境产生负面影响。因此，工程实践中需要根据路基条件、环境要求、造价预算等因素，权衡天然材料和人工合成材料的利弊，选择最优的加固材料。

从加固方式的角度看，路基加固可分为表层加固、深层加固和复合加固三种类型。表层加固是在路基表面铺设加固材料，形成保护层，如碎石封层、水泥稳定碎石层等。这种方法施工简便、见效快，但加固深度有限，难以根本解决路基内部的稳定性问题。深层加固则是利用注浆、置换、搅拌等手段，将加固材料渗入或填充到路基深处，从而提高整个路基的强度和稳定性，如水泥粉煤灰搅拌桩、高压旋喷注浆等。复合加固是指同时采用两种或两种以上的加固方法，发挥不同方法的优势，实现"1+1>2"的效果，如表层封层结合深层搅拌桩的组合加固等。

从加固对象的角度看，路基加固可分为土质路基加固、岩质路基加固和特殊路基加固。土质路基是指由粉土、黏土、砂土等松散地层组成的路基，这类路基普遍存在强度低、压缩性高、水稳性差等问题，需采用排水固结、置换填筑、化学黏结等方法进行加固。岩质路基主要由岩石风化破碎而成，通常需要清除风化层，并通过锚固、喷锚、注浆等手段，提高岩体的完整性和稳定性。特殊路基则包括膨胀土、湿陷性黄土、高液限黏土等不良地质地段，以及软土路堤、路堑边坡等复杂工况，往往需要采取预压、换填、防水隔离、化学固化等针对性措施。

（三）加固施工技术

路基加固施工技术的应用和创新，对于提升公路工程质量、延长路基使用寿命具有重要意义。随着我国交通事业的快速发展，公路建设规模不断扩大，路基所承受的交通荷载也日益增加。与此同时，复杂多变的地质条件、环境因素也对路基的稳定性和耐久性提出了更高要求。在这一背景下，传统的路基加固施工技术已经难以完全适应新时期公路建设的需求。因此，深入研究路基加固施工技术，探索新材料、新工艺的应用，已成为公路工程领域的重要课题。

从材料选择的角度来看，科学合理地选用加固材料是保证路基加固质量的前提。传统的路基加固多采用砂石、黏土等天然材料，虽然成本较低，但强度和耐久性难以满足日益提高的荷载要求。针对这一问题，工程实践中开始引入一些新型加固材料，如土工合成材料、岩石掺合料等。这些材料强度高、变形模量大，能够显著提升路基的承载能力和抗变形能力。同时，部分新材料还具有良好的透水性和排水性，有利于路基内部水分的排出，减小路基强度的损失。在材料选择时，要综合考虑工程地质条件、气候特点、荷载水平等因素，通过室内试验和工程对比，优选出适合本工程实际的加固材料。只有在全面论证的基础上选择加固材料，才能在确保工程质量的同时，兼顾施工成本和工期的要求。

从施工工艺的角度来看，路基加固施工需要因地制宜，灵活采用多种技术手段。对于软土路基，可采用强夯置换、换填处理等方法进行处理。强夯置换是利用夯击能量排挤软土，回填强度较高的砂砾石，从而提高地基承载力的一种方法。这种方法适用于地下水位较低的软土地基，施工效率高，增强效果显著。对于高含水量的软土路基，换填处理是一种行之有效的加固方法。通过开挖并换填砂砾石等材料，可有效截断软土路基内的水流通道，阻止软土的进一步软化，提高路基的稳定性。对于路堑路段，喷锚支护、锚杆加固等技术可用于提高边坡稳定性。这些技术通过向边坡内部注入混凝土，或设置锚杆、锚索，形成复合土钉墙，可有效约束边坡变形，防止坍塌和滑移。

从施工过程控制的角度来看，加强施工工序管理和质量监督，是确保路基加固施工质量的重要保证。路基加固施工往往涉及土方开挖、回填、压实等多道工序，每道工序的质量都直接影响加固的最终效果。因此，施工单位要严格按照设计要求和规范标准组织施工，对每道工序制定详细的操作规程和质量标准。施工过程中，要加强对关键工序的旁站监理，及时发现和处理质量隐患。同时，要重视对施工过程的信息化管理，通过智能化数据采集和分析，实现对施工过程的实时监测和动态优化。只有在严格控制质量和精细化管理的基础上，才能确保路基加固施工的质量，发挥加固技术的应有效果。

当前，大数据、物联网、人工智能等现代信息技术正在深刻影响工程建设的方方面面。将这些技术引入路基加固施工领域，可以极大提升施工的智能化水平和精细化程度。例如，利用物联网技术对路基内部的温度、湿度、应变等信息进行实时采集和分析，可及时掌握路基的工作状态，预警病害风险。再如，运用大数据分析技术对工程所在区域的地质、水文、气象等数据进行挖掘，可以更加准确地预测路基的长期性能，优化加固设计方案。

第三节 路基施工质量控制

一、路基施工质量控制的基本原则

（一）质量优先原则

质量优先是路基施工质量控制的核心原则，贯穿于施工全过程。它要求施工单位树立质量第一的思想，将质量管理放在首要位置，坚持以质量为中心开展各项工作。这一原则的提出，源于路基工程在整个公路建设中的基础性地位。路基作为公路的地基和载体，其质量直接关系到路面的使用寿命和行车的安全舒适。因此，在路基施工中，必须坚持质量优先原则，严格控制每一道工序、每一个环节的施工质量，为公路的耐久性和使用性能提供可靠保障。

坚持质量优先原则，首先要求施工单位建立健全质量管理体系，制定科学完善的质量控制制度和操作规范。通过制度化、标准化的管理，将质量要求落实到施工的各个环节，营造"人人重视质量、事事讲求质量"的良好氛围。同时，还应加强质量监督检查，及时发现和纠正施工中的质量问题，防微杜渐，从源头上控制质量风险。

其次，坚持质量优先原则还要求选用优质的施工材料和先进的施工工艺。路基施工所需的填料，必须符合设计和规范要求，经过严格的质量检验后方可投入使用。施工单位应优选质量稳定、性能可靠的材料供应商，杜绝使用劣质材料。在施工工艺上，要根据工程实际情况，因地制宜地选择合理的施工方法，如填筑、压实、排水等，严格按照操作规程进行，确保施工质量。

再次，质量优先原则的落实还有赖于一支高素质的施工队伍。施工人员是路基施工项目的直接执行者，其专业技能和责任意识直接影响着工程质量。因此，施工单位应加强对施工人员的培训和考核，提高其专业水平和质量意识。通过开展质量教育，强化工匠精神，激发每一位员工追求卓越的内生动力，将质量优先内化为自觉行动。

最后，坚持质量优先原则离不开全过程、全方位的质量控制。路基施工从场地准备、材料进场到填筑、压实、排水等，每一个环节都关系到最终的工程质量。

因此，质量控制必须贯穿施工全过程，针对每一道工序制定严格的质量标准和检查制度，做到事前有预防、事中有监控、事后有评估，形成完整的质量控制闭环。同时，质量控制还应延伸到施工的方方面面，包括机械设备管理、安全文明施工、现场环境保护等，全面提升工程建设水平。

（二）预防为主原则

预防为主原则是质量控制活动的根本方针，其核心在于将质量问题消灭在萌芽状态，避免质量缺陷的产生和蔓延。在路基施工质量控制中，贯彻预防为主原则，需要做到源头防控、过程监管、全员参与，确保工程质量符合设计要求和规范标准。

源头防控是预防为主原则的首要环节。路基施工涉及多种原材料和半成品，如填料、土工合成材料、排水材料等。严格控制原材料和半成品的质量，是确保路基工程整体质量的基础。因此，在材料采购阶段，应建立完善的供应商评价与选择机制，对材料进行严格的进场检验，坚决杜绝不合格材料进入施工现场。同时，还应加强对施工设备的维护保养，定期校验和标定测量仪器，为精准施工提供可靠保障。唯有从源头上把好质量关，才能从根本上预防质量问题的发生。

过程监管是贯彻预防为主原则的关键所在。路基施工是一个复杂的系统工程，涉及路基排水、防护与加固、路堑开挖、路堤填筑、地基处理等诸多工序。每道工序的施工质量都直接影响到整个路基工程的品质。因此，必须加强对施工全过程的质量监督与管控，严格执行"三检制"，即自检、互检和专检。施工单位应建立健全质量管理体系，制定详细的施工方案和操作规程，明确每个岗位的质量职责，确保施工有章可循、有据可依。监理单位应加大巡视检查力度，对关键工序和隐蔽工程进行旁站监理，及时发现并消除质量隐患。只有形成施工、监理、建设等各方密切配合、齐抓共管的良好局面，才能实现全过程、全方位的质量监管，从而将质量缺陷消灭在施工过程中。

（三）全员参与原则

全员参与原则是路基施工质量控制的重要组成部分，它强调质量管理是每一名施工人员的共同责任。在传统的施工管理模式中，质量控制往往被视为专职质检人员的工作，其他施工人员很少主动参与其中。这种做法容易导致责任推诿、管理脱节等问题，影响工程质量。而全员参与原则是倡导将质量意识渗透到施工的每一个环节，使每一名员工都能够充分认识到自身工作与工程质量的密切关系，自觉承担起相应的质量责任。

要真正落实全员参与原则，首先需要加强质量文化建设。项目管理层应积极倡导"质量第一"的理念，通过培训、宣传等方式提高全体员工的质量意识，营造重视质量的良好氛围。同时，要建立健全质量责任制，明确各岗位、各环节的质量职责，将质量考核与个人绩效挂钩，调动员工参与质量管理的积极性。

其次，要完善质量管理体系，为全员参与提供制度保障。这包括建立完备的质量管理制度、操作规范和检查标准，规范各环节的质量行为；健全质量问题报告和处理机制，鼓励员工主动发现和解决质量隐患；加强过程质量控制，实行自检、互检、交接检等多重检查，及时发现和纠正质量偏差。

再次，要充分发挥员工的主观能动性，调动其参与质量管理的积极性。这需要管理者转变理念，信任和尊重员工，给予其更多的自主权和决策权。同时，要建立员工合理化建议制度，鼓励员工提出质量改进措施，并给予物质和精神奖励。

最后，要加强质量教育和技能培训。全员参与质量管理不仅需要员工的主动意识，更需要其具备必要的质量知识和技能。因此，要定期开展质量知识培训，提高员工的质量意识和管理水平；加强岗位技能训练，确保每一位员工都能够熟练掌握本岗位的操作规范和质量要求；组织质量经验交流，促进优秀质量管理经验的推广应用。

二、路基施工质量控制的技术措施

（一）材料选择与质量控制

材料选择与质量控制是路基施工质量控制的重要内容。路基材料的性能直接影响路基的强度、稳定性和耐久性，因此必须严格把关，确保材料质量符合设计要求和规范标准。在材料选择上，应根据路基所处的气候环境、水文地质条件，以及路基填料的类型、性质等因素，优选强度高、压缩性小、透水性好、耐久性强的材料。常用的路基填料包括砂砾石、粗粒土、细粒土等，其中以砂砾石的工程性能最为优越。对于软土路基，还需选用透水性能好的材料作为排水垫层，加快软土固结速率。

材料的质量控制贯穿于施工全过程。在材料进场前，要对其产地、供应商资质进行严格审查，确保材料来源可靠。材料进场后，要按照规范要求对其物理力学性能、级配、含水量等指标进行检测，剔除不合格材料。尤其要注意控制材料的含水量，使其保持在最佳含水量状态，既不会因过干而难以压实，也不会因过湿而产生大量变形。施工中还应加强现场管理，避免材料受到污染或降级。

此外，路基施工还涉及其他一些特殊材料。这些新型材料在改善路基性能、加快施工进度方面有独特优势，但其对质量控制也提出了更高要求。以土工格栅为例，在选材时要重点关注其抗拉强度、刚度模量、耐老化性能等指标，施工时还需严控铺设位置、搭接长度等参数，确保材料充分发挥增强加固效果。

材料的合理选用和科学管控，是保障路基施工质量的前提和基础。只有严把材料质量关，强化过程控制，才能为后续施工奠定坚实基础，最终实现路基的安全、舒适、耐久。这就要求施工单位建立完善的材料质量管理体系，制定科学的检验检测制度，配备专职的材料管理人员，加强全员质量意识教育，形成"人人重质量、事事讲质量"的良好氛围。同时，还要积极引进先进检测设备和信息化管理手段，提高材料质量控制的科学性和精细化水平。

对路基用料质量的严格把控，不仅关乎工程自身的安全耐久，更关系到人民群众的出行便捷与生命财产安全。在新时代背景下，坚持"质量第一"理念，强化路基材料选择与控制，既是施工单位义不容辞的责任，也是交通运输事业高质量发展的必然要求。只有进一步夯实材料质量基础，不断完善质量管理体系，才能为交通强国建设提供更加安全、更加经济、更加智能、更加绿色的基础设施保障，不断满足人民群众日益增长的美好出行需要。

（二）施工工艺控制

在公路施工的过程中，施工工艺的控制对于保证路基质量具有决定性意义。施工工艺控制贯穿于路基施工的全过程，涉及原材料选择和配比、场地平整、碾压等多个环节。只有严格把控每一个施工细节，优化工艺流程，才能从根本上确保路基的稳定性和耐久性，为公路的长期使用奠定坚实的基础。

路基施工工艺控制的首要任务是原材料的选择和配比。路基填料通常包括砂砾石、碎石、土壤等多种材料，不同材料的物理力学性能差异较大。为了获得理想的路基性能，施工单位必须根据设计要求，优选高质量的原材料，并通过室内试验和配合比设计，确定最佳的材料组成和配比方案。同时，在材料进场后，还需进行抽样检测，严把材料质量关。只有从源头上保证原材料的合格率，后续施工才能有章可循。

场地平整是路基施工的基础性工作。路基施工对地基的平整度要求极高，高低不平的地基会导致路基厚度不均、压实度不足等质量问题。为此，施工单位需要采用先进的测量放样技术，精确控制场地高程和坡度。在填筑路基之前，还要进行地基处理，清除表层杂草和软弱土层，必要时进行深层处理，提高地基的承载力和稳定性。只有打好场地平整的基础，后续施工才能更加规范、有序。

碾压是形成路基的关键工序。路基材料填筑完成后，需要采用专业设备进行分层碾压，使材料颗粒之间紧密咬合，形成稳定的整体结构。碾压工艺的控制要点包括压实机具的选择、碾压遍数、碾压速度、铺料厚度等多个方面。不同的路基材料，对应不同的最佳含水量和最大干密度，因此施工时需要严格控制材料的含水量，并根据压实度指标确定碾压参数。同时，要做好碾压过程中的质量检测，及时发现和处理松散、离析等问题，确保每一层路基都达到设计强度。

施工工艺的科学控制离不开完善的质量管理体系。项目部需建立健全质量管理制度，明确各岗位的工艺控制职责，加强过程巡检和抽查。在施工过程中，要时刻绷紧质量这根弦，培养全员的工艺意识和责任意识。通过科学的试验检测手段，及时发现和整改工艺偏差，不断优化施工方案。同时，还要强化技术交底和培训，提高一线作业人员的技术水平，从人员素质上为工艺控制提供保障。

创新是工艺控制的原动力。面对日新月异的施工技术，路基施工单位要紧跟行业发展趋势，大胆引进和应用新工艺、新材料。例如，利用无人机等数字化技术辅助现场管理，利用新型土工合成材料提升路基性能，利用智能化装备提高碾压精度。通过技术创新和工艺革新，不断提升路基施工的科技含量和精细化水平，推动行业迈向高质量发展。

（三）设备使用与维护

设备使用与维护是确保路基施工质量的重要保障。在路基施工过程中，各类机械设备发挥着不可替代的作用，如挖掘机、推土机、压路机等。这些设备的性能和状态直接影响施工进度和成品质量。因此，加强设备管理，规范设备操作，保证设备处于最佳工作状态，已经成为施工企业提升市场竞争力的关键举措之一。

科学选用设备是提高路基施工效率的前提。施工企业应根据工程规模、施工工艺、现场条件等因素，合理配置设备资源。对于大型路基工程，可以采用大型机械设备，提高施工效率；对于特殊地质条件下的路基施工，则需要选用适应性强、灵活性高的专用设备。同时，还应综合考虑设备的先进性、可靠性、经济性等指标，优选性价比高的设备产品。只有做到因地制宜、因事而异，才能在确保施工质量的同时，最大限度地发挥设备效能，提升施工效益。

规范设备操作是确保路基施工安全的关键。现代路基施工设备大多具有大型化、复杂化、智能化的特点，对操作人员的技能水平和安全意识提出了更高要求。施工企业必须加强对设备操作人员的培训和考核，确保其掌握规范的操作技能，具备良好的安全意识。在施工过程中，要严格遵守操作规程，杜绝违章作业行为，确保设备运行安全、稳定、可靠。针对复杂的施工环境和突发状况，操作人员还应具备随机应变能力，能够及时采取有效措施，化解安全隐患，防范事故发生。唯有如此，才能为路基施工创造一个安全、有序、高效的良好环境。

加强设备维护是延长设备使用寿命、降低施工成本的有效途径。路基施工设备大多价值昂贵，使用频率高，工作环境恶劣，极易发生磨损、故障等问题，导致设备使用年限缩短，维修成本上升。为了应对这一挑战，施工企业必须建立完善的设备维护保养体系，制订科学的维护保养计划，并严格落实到位。要按照设备说明书的要求，定期开展日常维护，包括清洁、润滑、紧固、检查等工作，及时消除设备安全隐患。要建立设备档案，详细记录设备的使用、维修、保养等信息，为设备管理提供数据支撑。要不断引进先进的检测诊断技术，实现设备状态的实时监控和故障预警，最大限度地缩短非计划停机时间，提高设备利用率。通过精细化管理，施工企业不仅能够延长设备使用寿命，降低设备更新成本，还能减少施工进度和质量损失，创造更大的经济效益和社会效益。

设备管理的效果如何，直接决定着路基施工的质量和效率。在现代路基施工中，先进的机械设备已经成为提升施工水平的关键生产力，而规范化、精细化的设备管理，则是保证设备发挥效能、实现优质高效施工的必由之路。施工企业只有树立现代设备管理理念，创新设备管理模式和方法，不断提高设备管理水平，才能在激烈的市场竞争中立于不败之地。这既是企业自身发展的需要，也是推动路基施工技术进步、促进交通事业腾飞的客观要求。

三、路基施工质量控制的常见问题及解决方案

（一）路基沉降问题

路基沉降问题是公路施工中极为常见、也很容易被忽视的质量通病之一。如果路基出现过大或不均匀的沉降，不仅会影响路面的平整度和行车舒适性，更可能引发路面开裂、路基失稳等一系列严重的工程质量问题。因此，在公路施工过程中，必须高度重视路基沉降的防治工作，采取科学有效的技术措施，确保路基工程的整体质量和使用性能。

造成路基沉降的原因是多方面的。首先，路基填料的质量直接关系到路基的压实度和稳定性。如果填料中含有过多的细粒土、有机质或其他软弱夹层，在荷载作用下就容易产生局部变形和沉降。其次，路基压实度不足也是导致沉降的重要原因。路基若压实不到位，会造成土体的孔隙率较大，遇水软化后极易产生不均匀沉降。再次，软土路基由于土体固结压缩和蠕变等特性，在长期荷载作用下会出现显著的沉降变形。最后，路基排水不良、地下水位升高等因素也会加剧路基的湿陷性沉降。

针对路基沉降问题，公路施工中需要采取系统的防治措施。在填料选择上，应优先采用级配良好的砂砾石，控制细粒土含量，避免使用含水量过高的土料。对于软土路基，可以通过置换法、排水固结法等手段进行地基处理，提高路基的整体稳定性。在施工工艺上，要严格控制路基填筑的含水量和压实度，分层填筑，分层碾压，保证每一层土体都达到设计要求的密实度。同时，还要做好路基排水设计，在路基顶面和边坡设置排水系统，及时排除雨水和地表水，避免路基土体含水量过高而引发沉降。

为了及时发现和处置路基沉降问题，施工单位还应做好沉降监测工作。常用的监测方法包括水准测量法、沉降板法、深层标志法等，通过在路基上布设观测点，定期测量记录沉降数据，分析沉降规律和变形趋势。一旦发现异常的沉降速率或累计沉降量，就要及时采取措施，或者进行局部修正，或者调整施工方案，避免质量问题的进一步恶化。

事实上，路基沉降问题不仅仅是施工阶段的质量控制重点，更应该引起设计、监理、验收等各参建方的高度重视。设计人员在路基设计时，要充分考虑路线所经地区的工程地质和水文地质条件，合理选择路基填料和施工工艺。监理人员要加强施工现场的巡视检查，严把原材料质量关、施工工艺关和检测试验关。验收人员则要参考设计文件和规范要求，严格审核路基沉降的监测数据和处置记录，确保路基工程的各项指标都满足验收规范。只有设计、施工、监理、验收等各环节形成合力，才能从根本上控制和消除路基沉降这一质量问题。

（二）路基裂缝问题

路基裂缝是公路施工中常见的质量问题，它不仅影响道路的使用性能和安全性，还会大大缩短路面的使用寿命。因此，在路基施工过程中，必须高度重视裂缝问题的预防和治理，采取有效措施，确保工程质量。

路基裂缝的成因复杂，既有设计、材料、施工等方面的原因，也与环境、气候等外部因素密切相关。从设计角度来看，如果路基设计标准不合理，填料选择不当，或者排水系统不完善，都可能导致路基强度不足、稳定性差，为裂缝的产生埋下隐患。从材料角度来看，如果填料质量不合格，含水量过高，或者级配不合理，就难以保证路基的均匀性和密实度，使其抗裂性能下降。从施工角度来看，如果压实度不够，施工工艺不规范，或者养护不到位，也会使路基内部存在薄弱环节，导致裂缝的出现。此外，环境温度骤变、降水频繁等外部因素，也会加剧路基的不均匀变形，诱发裂缝。

鉴于路基裂缝成因的多样性和复杂性，在施工过程中，必须采取系统的质量控制措施。首先，要严格按照规范要求进行路基设计，选用优质填料，合理设置排水系统，为保证路基质量奠定良好的基础。其次，要加强施工过程控制，严把原材料质量关，优化施工工艺，确保每一道工序都规范到位。再次，要做好路基的防护和养护工作，及时清除积水，避免雨水下渗，同时注意控制环境温度的影响，必要时采取隔热、防冻等措施。最后，还要加强路基质量的监测和评估，定期开展裂缝调查，分析裂缝的类型、成因、数量、分布等特征，有针对性地制定防治方案。

尽管路基裂缝问题在工程实践中难以完全避免，但只要严格遵循质量控制原则，把握裂缝发生的规律，在设计、施工、养护等各个环节抓好预防和治理，就一定能最大限度地减少裂缝的出现，提升路基工程的整体质量。这不仅关乎道路的使用安全和通行效率，更关系到整个交通运输网络的健康发展。

作为公路工程技术与管理的重要内容，路基施工质量控制理应受到建设、监理、施工等各方的高度重视。只有树立"预防为主、标本兼治"的质量管理理念，加强事前控制和过程监管，才能从根本上控制和消除路基裂缝等质量通病，促进公路工程的可持续发展。

（三）路基排水问题

路基排水是公路施工和运营中最为关键和基础的环节之一。路基作为公路的基础构件，其稳定性和耐久性直接关系到整个公路的质量和使用寿命。而导致路基失稳、沉降、开裂等病害的主要原因之一就是排水不畅。当路基中的水分无法及时有效地排出时，就会引起路基强度下降、变形加剧，最终导致公路的破坏。因此，如何建立科学合理的排水系统，保证路基的排水通畅，是每一位公路工程师必须深入思考和解决的重大课题。

路基排水系统的设计应遵循因地制宜、安全可靠的原则。不同地区的气候条件、地形地貌、土质特点差异很大，这就要求排水方案要具有针对性和适应性。例如，在降水量大的南方地区，要重点考虑路基表面和边坡的排水设施，采用较大的纵坡和横坡，设置完善的截水沟、急流槽等；而在干旱少雨的西北地区，则要注重地下水的控制和引排，可采用渗沟、盲沟等设施降低地下水位。同时，排水系统还应具备足够的安全裕度，以应对暴雨等极端天气。通过合理选择排水材料、优化设计断面，提高排水构造物的强度和耐久性，确保排水系统在路基全生命周期内稳定发挥排水功能。

除了工程设计，科学规范的施工也是保障路基排水系统质量的关键。施工单位应严格按照设计图纸和技术规范要求进行施工，加强施工过程控制和质量检验。在施工中，要注重排水设施的施工工艺和施工顺序。例如，在填筑路基时，应分层碾压，控制含水量和密实度；在设置纵向盲沟时，应保证其连续性和坡度，并与横向排水设施有效衔接。施工完成后，还应进行系统的质量检测，如透水系数测试、流量测试等，及时发现和弥补施工缺陷。只有严把施工质量关，才能从源头上防范排水隐患的发生。

第四章 路面施工技术与质量控制

第一节 路面工程概述

一、路面工程的定义与分类

（一）路面工程的定义

路面工程是指为车辆和行人提供安全、舒适、经济的行驶或通行条件而修建的道路工程。它是公路工程的重要组成部分，对于保障交通运输的畅通、促进经济社会的发展具有重要意义。路面工程涉及路基、路面、排水、安全设施等多个方面，需要综合考虑交通量、气候条件、地质特征等因素，进行科学的设计和精细的施工。

从功能角度来看，路面工程主要承担着两个方面的任务：一是承受车辆荷载，二是保证行车安全舒适。为了实现这两个目标，路面工程必须具备足够的强度、刚度和平整度。强度是指路面抵抗车辆荷载作用的能力，它直接关系到路面的使用寿命。刚度反映了路面在车辆荷载作用下的变形程度，过大的变形会导致路面破损，影响行车安全。平整度则决定了行车的舒适性，不平整的路面会增加车辆的振动，降低乘坐体验感。因此，提高路面的强度、刚度和平整度是路面工程设计与施工的核心目标。

从结构组成来看，路面工程通常采用分层设计的方式，自上而下依次为面层、基层和垫层。面层直接承受车轮的碾压和磨耗，因此其对材料的强度、耐磨性和抗滑性要求较高，常用的材料包括沥青混凝土、水泥混凝土等。基层是路面的主要承重层，起到将车轮荷载扩散并传递至底基层的作用，一般采用级配碎石或稳定土等材料。垫层则是连接基层与路基的过渡层，主要功能是防止路基顶面水损坏，常见材料有水泥稳定碎石、级配碎石等。

从施工流程来看，路面工程涉及基层施工、面层铺筑等环节。在基层施工和面层铺筑中，材料配比、温度控制、碾压工艺等都是影响路面性能的关键因素。例如，沥青混合料的温度要严格控制在规定范围内，温度过高会导致沥青老化，温度过低则会影响混合料的和易性，两者都会降低路面的耐久性。此外，碾压工艺直接决定了路面的密实度和平整度，需要根据材料特性、气候条件等进行合理选择。

从养护管理来看，路面工程是一项长期的系统工程，交付使用后还须进行定期的检查和维护。日常养护主要包括路面清扫、裂缝填补、坑槽修补等，旨在及时消除路面缺陷，延长使用寿命。定期养护则侧重于对路面的综合性能进行评估和提升，如铣刨罩面、再生利用等，从而使路面满足交通发展的需求。需要注意的是，养护工作要遵循"预防为主、防治结合"的原则，通过日常的细微维护，减少大修的频率，充分发挥路面的最大效益。

路面工程作为公路工程的核心组成部分，其设计、施工和管理水平直接关系到交通运输的效率和安全。只有遵循科学规律，把握先进工艺，并结合经济、环保等因素进行综合考虑，才能真正建设出经济适用、安全舒适的高质量路面。这既是道路工程师的使命所在，也是交通事业可持续发展的必然要求。面对新时期的机遇和挑战，路面工程领域还需要在材料研发、设计理念、施工工艺等方面进行不断创新，以适应不断变化的交通需求，更好地服务于经济社会发展大局。

（二）路面工程的分类

路面工程根据不同的分类标准可以划分为多种类型。从路面结构的力学特性和设计方法的相似性出发，可以分为刚性路面和柔性路面两大类。刚性路面以水泥混凝土面层为主，具有强度高、刚度大、耐久性好等优点，适用于交通量大、超重车辆多的道路；而柔性路面则以沥青混凝土面层为主，具有平整度好、行驶舒适、噪声小等特点，在中低等级公路中应用较为广泛。

从路面所使用的材料来看，可以将路面工程分为水泥混凝土路面、沥青混凝土路面、砂石路面等。不同材料路面的性能特点各不相同，在实际工程中需要根据道路等级、交通特征、气候条件、造价预算等因素综合选择。例如，水泥混凝土路面强度高、耐磨性好，但造价较高，适用于高等级公路；沥青混凝土路面则造价相对较低，施工便捷，在中低等级公路中得到广泛应用；砂石路面造价最低，施工简单，多见于农村道路和施工便道。

按照路面结构层数，路面工程还可以分为单层路面和多层路面。单层路面结构简单，通常由面层直接铺筑在基层上，适用于交通量小、荷载等级低的道路；

多层路面则由面层、基层、垫层等多个结构层组成，能够有效分散交通荷载，延长路面使用寿命，在交通量大、荷载等级高的道路中得到广泛应用。

从路面铺筑工艺来看，可以将路面工程分为机械化摊铺路面和人工摊铺路面。随着路面施工技术的不断进步，大型路面摊铺设备得到了广泛应用，机械化摊铺已成为当前路面工程的主流施工方式。机械化摊铺具有效率高、质量好、路面平整度高等优点，特别适用于高等级公路和机场道面的施工。与之相比，人工摊铺则多应用于施工条件复杂、作业空间狭小的路段，如城市道路、桥梁引道等。

此外，根据路面的功能和用途，路面工程还可以划分为高速公路路面、普通公路路面、城市道路路面、机场道面、港口码头路面等多种类型。不同功能和用途的路面在设计荷载、行驶速度、平整度要求、耐久性需求等方面存在较大差异，因此在路面结构、材料选择、施工工艺等方面也有所不同。

二、路面工程的基本构造

（一）面层

公路路面工程的面层是公路结构的重要组成部分，它直接承受行车荷载和大气环境的作用。

1. 面层的主要功能

公路路面面层是指直接通行车辆和大气相接触的层位，是公路路面结构的顶层。它具有以下功能。

①承载与分散荷载，面层直接承受行车荷载的竖向力、水平力和冲击力，并将这些力分散到基层和路基。

②保护基层与路基，防止雨水和其他液体渗入基层和路基，保持路面结构的稳定性和耐久性。

③提供良好行车条件，具有足够的平整度、粗糙度和抗滑性能，确保行车安全舒适。

2. 分类与材料

按材料分类，主要包括沥青混凝土面层、水泥混凝土面层等。

沥青混凝土面层：由沥青与矿料（如碎石、砂等）按一定比例混合后摊铺而成，具有良好的抗滑性、耐磨性和耐久性。

水泥混凝土面层：采用水泥、水、砂、石等材料拌和后浇筑而成，具有较高的强度和耐久性。

材料选择上，主要包括沥青混合料、水泥混凝土等。

沥青混合料：包括热拌沥青混合料、冷拌沥青混合料等。

水泥混凝土：包括普通（素）混凝土、钢筋混凝土等。

（二）基层

基层位于路面结构的中部，直接位于面层之下，承担着将车辆荷载的垂直力分散并传递到垫层的重要任务。这一过程要求基层必须具备足够的强度和刚度，以抵御各种复杂应力的作用，确保道路结构的整体稳定性和耐久性。此外，基层还需具备良好的扩散应力能力，将集中力均匀分布，减少单点受力过大导致的破坏。基层有以下特性要求。

①强度和刚度：面对日复一日的车流碾压，基层必须拥有足够的强度和刚度，以承受各种荷载而不发生过度变形或损坏。这是保证道路平整度和行车安全的基础。

②水稳性：尽管基层受自然因素的影响相对较小，但其水稳性依然不容忽视。良好的水稳性可以防止基层在雨水侵蚀下软化变形，进而避免面层出现开裂、沉陷等病害，保障道路在恶劣天气下的正常使用。

③平整度：基层表面的平整度直接影响到面层的铺设效果和整体道路的行车舒适性。因此，在施工过程中，需严格控制基层的平整度，确保面层铺设后能达到设计要求。

在实际工程中，为了进一步优化道路结构，提高材料的利用效率，基层有时会被设计为两层结构：上基层和底基层。上基层直接承受面层传递的荷载，对其材料性能要求较高；而底基层则主要起到分担承重、减薄上基层厚度并充分利用当地材料的作用，对其材料性能的要求可适当放宽。这种分层设计不仅提高了道路结构的经济性，还增强了其适应性和耐久性。

（三）垫层

垫层是铺设在基层以下的结构层，主要位于基层与路基之间。垫层是介于基层与路基之间的一个重要结构层次，其主要功能与作用不可忽视。

1. 垫层的主要功能

①扩散荷载应力：垫层能够有效扩散由基层传递下来的荷载应力，减轻土基的应力集中现象，从而保护土基免受过大荷载的破坏。

②改善路基水温状况：垫层能够改善路基的水温状况，减少路基因温度、水分变化等引起的变形和破坏，确保路基的稳定性。

③隔水、排水、防冻：在潮湿、过湿或冰冻地区，垫层能够起到隔水、排水

和防冻的作用，防止水分侵入路基，减少冻胀和翻浆现象的发生。

④提高路面结构的整体性能：垫层能够增强路面结构的强度和稳定性，延长路面的使用寿命。

2. 类型与材料

根据材料和功能的不同，垫层可以分为多种类型，主要包括透水性垫层和稳定性垫层两大类。

①透水性垫层：主要由松散的颗粒材料构成，如砂、砾石、碎石等。这类垫层具有良好的透水性能，能够切断毛细水的上升，降低路基的湿度，防止冻胀和沉陷。

②稳定性垫层：主要由整体性材料构成，如石灰土、石灰煤渣土等。这类垫层具有较高的强度和稳定性，能够有效地扩散荷载应力，保护土基免受破坏。

第二节 路面施工基本技术

一、面层施工技术

面层施工技术涉及材料、工艺等多个方面。只有综合运用各种技术手段，持续创新施工工艺，完善质量控制体系，建设高素质施工队伍，才能不断提升面层施工的科学化、精细化、智能化水平，为公路建设提供坚实可靠的技术支撑，推动交通运输事业的高质量发展。

在材料选择方面，应根据路面等级、交通量、气候条件等因素，科学选用沥青混合料的类型和配比。沥青混合料应具有良好的耐久性、抗车辙性、抗水损害性等性能，满足路面的承载和防护要求。同时，还要对原材料的质量进行严格把控，确保骨料的级配、针片状含量、压碎值等指标符合规范要求，沥青的针入度、延度、软化点等性能指标满足设计需求。

在施工工艺方面，要严格遵循施工规范和设计要求，优化施工工艺参数。混合料拌和温度、运输温度、摊铺温度等都要严格控制，确保混合料性能的稳定。摊铺过程要连续均匀，避免产生离析、粗细料分离等现象。碾压应及时跟进，选用合适的碾压设备和碾压方式，控制碾压温度和碾压遍数，确保混合料的紧密度和平整度满足要求。接缝处理是面层施工的难点，要采取有效措施确保接缝密实平顺，避免产生桥头跳车等病害。

面层施工还要注重环保和节能，积极推广温拌沥青、泡沫沥青等新工艺，减少能源消耗和废气排放。在保证施工质量的前提下，优化施工组织，提高施工效率，缩短交通中断时间，最大限度地减少对道路使用者的影响。

面层施工过程中的质量控制同样重要，应建立健全质量管理体系，制定完善的质量控制制度和操作规程。加强对原材料、拌和、运输、摊铺、碾压等各个环节的质量监督，及时发现和解决质量问题。注重施工过程的信息化监控，通过智能化设备实时采集施工参数，为质量控制提供数据支撑。定期开展施工质量评估，总结经验教训，持续改进施工工艺，提高质量管理水平。

优质的面层施工还离不开专业的施工队伍。要加强对施工人员的技术培训和职业教育，提高其专业技能和质量意识。完善考核激励机制，调动施工人员的积极性。加强施工团队建设，增强凝聚力和战斗力，打造一支技术过硬、作风优良的面层施工队伍。

二、基层施工技术

基层施工是公路建设中的核心环节，其施工质量直接关系到公路的耐久性、承载能力和行车安全。以下从材料选择、施工工艺、质量控制三个方面对公路路面基层施工技术进行深入详细的阐述。

在材料选择方面，常用的基层材料包括无机结合料稳定类材料（如水泥稳定碎石、石灰稳定碎石）和粒料类材料（如级配碎石、级配砾石）。这些材料的选择需根据公路等级、交通量、气候条件等因素综合考虑。

无机结合料稳定类材料具有强度高、水稳定性好、板体性佳等特点，适用于重载交通和潮湿多雨地区。水泥稳定碎石是其中应用最广泛的一种，其强度随龄期增长而提高，抗冻性和抗渗性也较好。石灰稳定碎石则适用于轻质交通和干旱地区，其初期强度较低，但后期强度增长稳定。

粒料类材料，如级配碎石和级配砾石，具有良好的透水性、排水性和抗滑性，适用于中、轻交通量和排水要求高的路段。这类材料施工简便，成本较低，但需注意防止细料流失和离析现象。

在施工工艺方面，公路路面基层施工工艺包括混合料的拌和、运输、摊铺、碾压和养护等环节，每个环节都需严格控制以保证施工质量。

①混合料的拌和：根据设计配合比，将各种原材料准确计量后送入搅拌机进行拌和。拌和过程中需控制搅拌时间和温度，确保混合料均匀一致，无花白料和结团现象。对于无机结合料稳定类材料，还需注意控制水泥或石灰的剂量，以免影响混合料性能。

②运输：采用自卸汽车将拌和好的混合料运输至施工现场。运输过程中需覆

盖篷布以防水分蒸发和污染，同时避免急刹车和急转弯以减少混合料离析。

③摊铺：使用摊铺机将混合料均匀摊铺在基层上。摊铺前需对下承层进行清扫和湿润处理，摊铺过程中需控制摊铺速度和厚度，确保摊铺面平整、无离析现象。对于无机结合料稳定类材料，还需注意控制松铺系数和含水量。

④碾压：摊铺完成后立即进行碾压作业。根据混合料类型和现场实际情况选择合适的压路机和碾压组合方式。碾压应遵循先轻后重、先慢后快的原则，确保基层达到规定的压实度和平整度。碾压过程中需及时检测压实度并调整碾压参数以满足设计要求。

⑤养护：碾压完成后需进行养护作业以保持基层湿润并促进强度增长。养护期间需封闭交通或限制重载车辆通行以防止基层受损。养护时间根据材料类型和气候条件确定，一般无机结合料稳定类材料的养护时间不少于7d。

在质量控制方面，需从原材料、施工过程、检测验收三个方面入手进行全面控制。

①原材料质量控制：对进场原材料进行严格检验确保其符合设计要求和规范标准。对于无机结合料需检验其有效成分含量和物理力学性能；对于粒料类材料需检验其级配、含泥量等指标。

②施工过程控制：加强施工现场管理和监督，确保施工工艺得到有效执行。对拌和、运输、摊铺、碾压等关键环节进行实时监控和记录，以便及时发现问题并采取措施解决。

③检测验收控制：在施工过程中和完工后需对基层进行定期检测和验收，确保其满足设计要求和质量标准。检测项目包括压实度、平整度、厚度等指标，可采用核子密度仪、水准仪等设备进行测量和分析。

三、垫层施工技术

垫层施工是公路工程建设中的一项重要内容，垫层位于土基与基层之间，主要起到排水、隔水、防冻和扩散应力的作用。以下从材料选择、施工工艺、质量控制三个方面对公路路面垫层施工技术进行深入详细的阐述。

在材料选择方面，公路路面垫层材料的选择需根据公路等级、交通量、气候条件及排水要求等因素综合考虑。常用的垫层材料包括砂、砂砾、碎石等颗粒材料，以及低剂量无机结合料稳定粒料或土。

颗粒材料，如砂、砂砾、碎石等，具有良好的透水性和排水性，适用于需要快速排除路面结构层内积水的路段。这类材料应干净、无杂质，颗粒级配应符合设计要求，以确保垫层的稳定性和耐久性。

低剂量无机结合料稳定粒料或土，如水泥稳定砂砾、石灰稳定土等，这类材料不仅具有一定的强度，还具有良好的水稳定性和抗冻性，适用于季节性冰冻地区或重载交通路段。在选择时，需严格控制无机结合料的剂量，以避免影响垫层的排水性能。

在施工工艺方面，垫层施工工艺包括下承层准备、材料运输与摊铺、碾压和养护等环节。

①下承层准备：在摊铺垫层材料前，需对下承层（土基或基层）进行彻底清扫，确保无杂物、尘土和松散颗粒。对于土基，还需进行压实处理，以提高其承载力和稳定性。

②材料运输与摊铺：垫层材料应采用自卸汽车运输至施工现场，摊铺过程中需严格控制摊铺厚度和均匀性。对于颗粒材料，可采用机械或人工摊铺方式；对于低剂量无机结合料稳定粒料或土，则需采用专用拌和设备进行拌和后再进行摊铺。摊铺时，应避免材料离析和混合不均现象的发生。

③碾压：摊铺完成后，需立即进行碾压作业。碾压应遵循先轻后重、先慢后快的原则，采用振动压路机或轮胎压路机进行碾压，确保垫层达到规定的压实度和密实度。碾压过程中，需及时检测压实度并调整碾压参数以满足设计要求。

④养护：碾压完成后，需对垫层进行养护处理。养护期间应保持垫层表面湿润，避免水分过快蒸发导致垫层开裂。养护时间根据材料类型和气候条件确定，一般不少于7d。在养护期间，应限制交通或采取其他保护措施以防止垫层受损。

在质量控制方面，应从原材料、施工过程、检测验收三个方面入手进行全面控制。

①原材料质量控制：对进场原材料进行严格检验，确保其符合设计要求和规范标准。对于颗粒材料，需检验其级配、含泥量等指标；对于低剂量无机结合料稳定粒料或土，则需检验其无机结合料剂量、混合料的配合比和物理力学性能等指标。

②施工过程控制：加强施工现场管理和监督，确保施工工艺得到有效执行。对摊铺、碾压等关键环节进行实时监控和记录，及时发现并解决问题。同时，还需注意控制施工温度和湿度等环境因素对施工质量的影响。

③检测验收控制：在施工过程中和完工后，需对垫层进行定期检测和验收。检测项目包括压实度、厚度、平整度等指标，可采用核子密度仪、水准仪等设备进行测量和分析。验收时应严格按照设计要求和规范标准执行，确保垫层施工质量满足设计要求。

第三节　路面施工质量控制

一、施工材料质量控制

（一）材料选择标准

材料质量控制是路面施工的基础和前提，直接关系到公路工程的品质和寿命。在材料选择过程中，应严格遵循相关标准规范，从原材料的性能指标、环保性能、经济性等方面进行综合考量，确保所选材料满足路面施工的要求。

对于沥青材料，应重点关注其针入度、软化点、延度等技术指标，选用优质的石油沥青，如苯乙烯-丁二烯-苯乙烯嵌段共聚物（SBS）改性沥青、高模量沥青等。同时，还应考虑沥青的温度稳定性和抗老化性能，确保其在施工和使用过程中性能稳定、不易老化。在矿料选择方面，应优先选用高强度、高耐磨性的石料，如玄武岩、石灰岩等，并控制矿料的针片状含量和软弱颗粒含量，提高路面的抗裂、抗车辙能力。此外，还应关注矿料的表面洁净度，避免杂质对沥青与矿料的黏附产生不利影响。

除了原材料品质，原料配比也是影响路面施工质量的关键因素。沥青混合料的配合比设计应根据道路等级、交通荷载、气候条件等因素，通过室内试验优化矿料级配、沥青用量、矿料填料比例等参数。在此基础上，还需结合施工经验和工程案例，对配合比进行现场验证和动态调整，确保混合料性能满足路面实际受力需求。

优质的材料还须配备完善的质量检测体系，才能为路面施工质量提供有力保障。施工单位应配备专业的质检人员和先进的检测设备，对进场原材料进行抽样检验，对混合料拌和过程进行实时监控，对摊铺碾压后的路面进行无损检测，全面把控材料质量。检测指标不仅要包括常规的物理力学性能，还应涵盖温度、含水量等环境因素的影响。检测数据应及时反馈，发现问题及时整改，形成闭环管理，确保路面工程质量。

新材料、新工艺的应用也是提升路面施工材料品质的重要手段。近年来，中温沥青、温拌沥青、固废再生等技术日益成熟，不仅减少了材料消耗，降低了能源成本，还提高了路面性能，延长了公路寿命。因此，在保证施工质量和安全的前提下，鼓励施工单位积极引进科研成果，优化材料组成，创新施工工艺，以先进、适用的技术推动路面工程材料的升级换代。

（二）材料检验方法

材料检验贯穿公路施工全过程，从原材料进场、混合料拌和、路面铺筑到工程验收，每一环节都离不开对材料质量的严格把关。只有确保所用材料符合规范要求，才能从根本上保证公路工程的整体质量。

现代公路施工对材料的性能提出了越来越高的要求。为了满足日益增长的交通需求，许多新型材料如改性沥青、抗车辙沥青混合料等不断涌现。这些新材料在提升路面使用性能的同时，也对材料检验提出了新的挑战。传统的检验手段已经难以全面评价材料的工程特性，必须与时俱进地开发新的检验技术和方法。

就沥青混合料而言，其检验的关键在于评价混合料的路用性能，如高温稳定性、低温抗裂性、抗水损害能力等。为此，一系列性能化指标如动态模量、弯曲蠕变刚度、冻融劈裂强度等被引入到混合料检验中，以更加全面地反映材料的实际工程性能。同时，为了提高检验效率，避免人为因素干扰，先进的自动化检测设备如红外光谱仪、旋转压实仪、虚拟养护系统等也在材料检验中得到广泛应用。

除了常规的室内检验外，现场检验在公路施工材料质量控制中也发挥着日益重要的作用。与室内检验相比，现场检验能够更加真实地反映材料在实际施工环境下的性能，减少运输、存储等因素对检验结果的影响。例如，现场取芯法可用于评价沥青路面的厚度、密度、空隙率等指标，弯沉仪可用于快速检测路面的承载能力。这些现场检验手段为施工过程中的实时质量监控提供了有力保障。

材料检验产生的数据是进行质量管理的重要依据。如何高效利用检验数据，实现材料质量的精细化管控，是摆在施工单位面前的一大课题。近年来，大数据分析技术在公路工程领域得到了初步应用。通过对海量材料检验数据进行挖掘和分析，可以发现材料质量的变化趋势和潜在风险，进而采取有针对性的预防和改进措施。数据驱动的材料质量管理模式正在逐步形成，为公路施工质量控制开辟了新的路径。

（三）材料储存与运输

材料的储存与运输是公路施工过程中影响工程质量的关键环节。施工单位必须高度重视材料质量控制，建立完善的材料储存和运输管理制度，采取科学有效的措施，确保材料品质不受损害，为工程质量提供坚实保障。

从材料储存的角度来看，施工单位应根据材料特性合理选择堆放场地，做好防潮、防晒、防尘等工作。对于水泥、钢筋等对存储环境要求较高的材料，应设置专门的封闭库房，配备恒温恒湿设施，严格控制温度和湿度。砂石料则要求划分堆放区域，不同规格、不同品质的砂石要分类堆放，并用隔离带进行明显标识。储存场地还应具备良好的排水系统，防止雨水冲刷造成材料流失或污染。与此同时，施工单位要指派专人定期对材料进行抽样检测，及时更换变质或超过保质期的材料，从源头上控制材料质量。

从材料运输的角度来看，施工单位需要合理规划运输路线和时间，最大限度地减少材料在运输过程中的损耗。运输车辆应根据材料性质选择，并保持车厢清洁卫生，防止交叉污染。装载时要控制装载量，避免超载导致材料破损或泄漏。运输过程中要加盖篷布，防止日晒雨淋和扬尘污染。水泥等易结块的材料应缩短运输时间，减少振动和碰撞。对于需要保温的材料，运输车辆应配备保温设施，确保材料温度符合施工要求。同时，施工单位还应加强对运输人员的管理和培训，提高其质量意识和责任心，严格按照规范操作，杜绝野蛮装卸和违规运输。

材料质量控制是一项系统工程，储存和运输管理只是其中的一个方面。从材料进场到使用，每个环节都需要严格把关、精益求精。施工单位要树立"质量第一"的理念，建立全员参与的质量管理体系，将质量责任落实到每个岗位、每名员工。同时，还要加强与材料供应商的沟通协调，建立长期稳定的合作关系，从源头上保证材料质量。只有将先进的管理理念与科学的控制手段相结合，形成规范化、标准化、精细化的材料质量控制模式，才能为公路工程的高质量建设提供有力支撑。

在新时代背景下，公路作为国家重要的基础设施，承载着服务经济社会发展、保障人民美好生活的重任。打造优质高效的公路网络，关键在于全面提升工程建设质量。材料作为工程建设的"基石"，其质量高低直接决定了工程的品质和寿命。因此，深入研究材料质量控制技术，创新质量管理模式，对于推动我国交通运输事业高质量发展具有重大意义。

二、施工工艺质量控制

（一）工艺流程设计

公路工程中的路面施工是一项复杂的系统性工程，其施工质量直接关系到公路的使用性能、使用寿命和行车安全。为确保路面工程质量，必须在施工过程中严格把控每个环节，优化工艺流程设计。科学合理的工艺流程是保证路面施工质量的关键。

路面施工工艺流程设计应遵循"精心规划、合理安排、严格把控、动态优化"

的基本原则。应根据工程实际情况和技术要求，制订周密的施工组织设计方案，明确施工工序和质量控制要点。在此基础上，要合理安排施工时间进度和资源配置，协调各工种之间的衔接，确保工序平稳推进。在具体实施过程中，要严格执行规范要求，加强过程质量控制和检验，及时发现并解决施工问题。针对易出现质量通病的关键工序，如基层施工、沥青混合料拌和、摊铺碾压等，要制定针对性的工艺措施，从材料、设备、操作等方面入手加以管控。

此外，鉴于路面工程的动态性和复杂性，工艺流程设计还应具有一定的灵活性和适应性。要建立施工过程的信息反馈机制，密切关注施工进展和质量状况，根据实际情况动态优化调整施工方案。一旦发现问题，要及时停工整改，优化工艺参数，避免质量缺陷扩大。

同时，精细化的现场管理也是优化工艺流程的重要手段。要加强施工现场的标准化、规范化管理，建立健全质量责任制和奖惩机制，调动全员参与质量控制的积极性。要狠抓施工材料进场检验和设备精度校核，从源头上防范质量风险。精细化的现场管理可以有效减少施工误差，提高工序协调性，为优质高效的路面施工奠定基础。

工艺流程优化还应与新技术、新工艺、新材料的应用相结合。近年来，路面施工技术日新月异，出现了许多先进的施工方法和装备，如温拌沥青技术、智能摊铺控制系统、快速路面检测设备等。合理运用这些新技术成果，可以有效提升施工效率和精度，克服传统工艺的局限性。当然，新技术的应用必须建立在充分论证和试验的基础上，要综合考虑技术成熟度、经济性、适用性等因素，选择最优的实施方案。

优化路面施工工艺流程是一项系统工程，需要设计、施工、监理、管理等各方通力合作，形成施工控制合力。设计单位要提供精准合理的施工图纸和技术参数，为优化工艺提供依据。施工单位要加强技术交底和方案优化，严把工序质量关。监理单位要强化旁站检查和平行检验，及时反馈质量信息。业主和地方主管部门也要加大管理力度，为工艺优化创造有利条件。只有各方形成共识，才能确保优化成果落到实处。

（二）工艺执行监控

工艺执行监控是路面施工质量控制体系中的关键一环。它通过对各施工工序的实时监测和动态管理，确保施工过程严格按照设计方案和规范要求进行，从而保证路面工程的整体质量。在工艺执行监控中，首要任务是建立完善的监控指标体系。这一体系应涵盖原材料质量、配合比设计、施工工艺参数、环境条件等各个方面，既要全面系统，又要突出重点、简明易行。通过科学设置监控指标及其限值，可以为工艺执行监控提供明确的依据和标准。

在明确监控指标后，需要采用合适的监测手段和仪器设备，对施工过程进行全方位、多角度的数据采集。传统的人工抽检模式难以满足现代化施工的需求，应积极引入先进的传感技术、无线通信技术和信息处理技术，实现对关键工艺参数的自动化、连续化监测。例如，在沥青混合料拌和过程中，可以利用红外线测温仪实时监测混合料温度，利用称重传感器动态监测矿料和沥青用量，利用集料筛分仪在线评估级配质量。这些监测数据可以无线传输到中央控制系统，通过大数据分析技术进行实时处理和反馈，为工艺优化和质量控制提供科学依据。

数据采集只是工艺执行监控的基础，更重要的是对监测数据进行深入分析，发现施工过程中的质量隐患和改进空间。这就要求监理人员具备扎实的理论知识和丰富的实践经验，能够透过纷繁复杂的数据看到工艺执行的本质问题。例如，当混合料温度连续偏低时，监理工程师不仅要下达整改指令，更应分析原因，是加热设备故障还是操作不当导致的问题，并提出有针对性的解决方案。又如，当集料级配出现波动时，监理人员应判断是原料问题还是计量设备问题，是否需要调整配合比，以确保混合料质量的稳定性。只有不断总结经验、优化方案，才能在动态变化的施工环境中保证工艺执行的有效性和可靠性。

工艺执行监控不仅要发现问题，更要落实整改措施，形成闭环管理。这就需要建立快速反应和协调机制，确保监控、反馈、整改各环节的紧密衔接和高效运转。一方面，监理人员应与施工班组保持密切沟通，及时将监控信息传递给一线操作人员，引导其调整工艺参数、改进作业方法。另一方面，监理部门还应加强与建设、设计、试验等相关单位的协调，共同研究解决施工中的重大技术问题。只有各方通力协作，才能将工艺执行监控的成果切实转化为工程质量的提升。

工艺执行监控是一项系统工程，涉及技术、管理、人员等多个因素。它要求我们树立全局观念，坚持标准导向，将先进技术与科学管理相结合，在动态监测、即时反馈、持续改进中不断提升路面施工的质量控制水平。工艺执行监控不仅能够保障工程质量，也为施工单位积累了宝贵的技术和管理经验，是推动路面工程高质量发展的重要举措。在新时代背景下，深入推进工艺执行监控，对于提升公路建设品质、服务交通运输行业高质量发展具有重要意义。

（三）工艺改进措施

工艺改进是一项系统工程，需要施工单位从材料选择、过程控制、技术创新、人员管理等多方面入手，不断优化施工工艺，提高工程质量。

注重施工工艺质量控制是保证公路路面施工质量的关键。在实际施工过程中，施工单位应根据工程实际情况和技术要求，不断优化和改进施工工艺，以提高工程质量和施工效率。

首先，施工单位应充分考虑施工现场的地形地貌、气候条件等因素，合理选择施工工艺和施工机械。例如，在山区公路施工中，由于地形复杂、坡度大，传统的机械摊铺工艺难以满足施工要求，此时可采用人工摊铺与机械碾压相结合的施工工艺，这样既能保证路面的平整度，又能提高施工效率。再如，在高寒地区施工时，应选择防冻、抗裂性能好的沥青混合料，并采取有效的保温措施，以提高路面的耐久性。

其次，施工单位应加强施工工艺的过程控制，严格按照施工规范和设计要求进行施工。在原材料进场时，应对其质量进行严格检验，确保其符合设计标准；在施工过程中，应加强对关键工序的管控，如混合料拌和、摊铺、碾压等，确保每道工序都能达到规定的技术指标；在施工完成后，应及时进行质量检测和验收，发现问题及时整改，不留隐患。

再次，施工单位应注重对施工工艺的创新和改进。随着科技的进步，新材料、新工艺、新设备不断涌现，为公路路面施工提供了更多可能。施工单位应积极学习和引进先进的施工技术，优化传统工艺，提高工程质量。例如，采用温拌沥青技术可有效降低沥青混合料的生产和摊铺温度，减少能耗和碳排放，符合绿色环保理念；利用智能化摊铺设备可实现精准摊铺和实时质量监控，提高施工精度和效率。

最后，加强对施工人员的技术培训和管理也是改进施工工艺的重要举措。施工单位应定期组织施工人员进行技术培训，提高其专业技能和质量意识；在施工过程中，应加强现场管理和技术指导，及时发现和解决施工中出现的问题，避免质量事故的发生。

三、施工环境质量控制

（一）环境监测指标

环境监测是路面施工质量控制的重要组成部分，它为科学评估施工活动对周边环境的影响提供了可靠依据。环境监测指标的设置需要兼顾环境保护和工程建设的双重目标，既要全面反映施工过程中的环境质量状况，又要突出与工程直接相关的关键指标。

大气环境监测是路面施工环境监测的核心内容之一。施工过程中，大量粉尘和废气的产生会对周边大气环境质量产生显著影响。因此，应重点监测施工场地及周边区域的总悬浮颗粒物（TSP）、可吸入颗粒物（PM_{10}）、细颗粒物（$PM_{2.5}$）等指标，以掌握施工扬尘污染的程度和范围。同时，还应监测一氧化碳（CO）、氮氧化物（NO_x）、总碳氢（THC）等废气污染物浓度，评估施工机械尾气排放对环境空气质量的影响。通过连续、动态地监测大气环境质量指标，可以及时发现问题，采取有效的防治措施。

声环境监测是评价路面施工噪声污染的重要手段。施工机械设备运行、材料运输车辆往来等都会产生较大的噪声，对周边声环境质量构成严重干扰。应选择具有代表性的监测点位，重点监测昼间、夜间等时段的等效声级、最大声级等指标，评估施工噪声对周边敏感目标（如居民区、学校、医院等）的影响程度。同时，还应关注施工场界噪声排放是否符合相关标准要求。通过声环境监测结果的分析，可以优化施工组织方案，合理安排高噪声作业时间，最大限度地减轻施工噪声污染。

水环境监测在路面施工环境管理中也占据重要地位。施工废水的排放、材料堆场的雨水冲刷等都可能影响周边地表水体和地下水环境质量。应设置地表水和地下水监测点位，定期监测pH、悬浮物浓度（SS）、化学需氧量（COD）、石油类、重金属等污染物浓度指标，掌握水环境质量的动态变化情况。一旦发现异常，要及时查找原因，采取有效的污染控制和处置措施。严格的水环境监测可以促进施工单位加强对废水的处理和循环利用，最大限度地减少施工活动对水环境的不利影响。

此外，生态环境监测也不容忽视。路面施工不可避免地会对沿线植被、野生动物及其栖息地产生一定的干扰和破坏。应定期调查施工区域内外的植被覆盖度、物种多样性等生态指标，掌握区域生态系统的健康状况。同时，还应重点监测珍稀濒危物种及其栖息地的保护情况，确保工程建设与生态保护的协调统一。科学的生态环境监测可以为施工单位制定有针对性的生态保护和恢复措施提供重要参考。

路面施工环境监测指标的科学设置需要环境保护、工程技术、管理决策等多方面的协同配合。监测指标体系应具有全面性、针对性、可操作性等特点，既要体现对环境质量的整体关注，又要突出施工活动的特定影响。同时，指标设置还应符合相关法律法规和技术标准的要求，为环境管理决策提供科学、准确的依据。只有建立起完善、高效的环境监测指标体系，才能为路面施工项目的环境管理提供有力支撑，实现工程建设与环境保护的协调发展。

（二）环境保护措施

路面施工环境对公路工程质量具有重要影响，必须采取有效措施加强施工环境管理，减少不利因素对工程质量的干扰。气候条件是影响路面施工环境的关键因素之一。温度、湿度、风力等都会对施工材料性能、机械设备运转、人员作业产生直接影响。例如，混凝土浇筑施工需要在适宜的温度条件下进行，低温会延缓水泥水化反应，高温则易引起混凝土坍落度损失、早期强度发展过快等问题。因此，必须密切关注气象预报，合理安排施工时间，并根据实际情况采取相应的防护措施，如设置遮阳棚、洒水降温等。

施工现场的地形地貌条件也不容忽视。路基填筑、路面铺装等施工活动常常在山区、丘陵、高原等复杂地形中展开。这些区域地质结构复杂，工程地质问题频发。软土路基、膨胀土、岩溶塌陷等不良地质都可能引发路面结构的不均匀沉降，进而导致裂缝、坑槽等病害。对此，设计和施工单位要全面勘察施工现场地质状况，有针对性地进行地基处理和结构设计优化。同时，要严格控制路基填料的含水量和压实度，确保地基的稳定性和均匀性。

环境污染也是影响路面施工质量的重要因素。粉尘、噪声、废水等污染物不仅危害作业人员健康，还可能破坏施工材料性能，影响机械设备正常运转。例如，粉尘吸附在沥青表面会阻碍其与集料的黏附，降低路面防水性能。施工噪声则会干扰附近居民的正常生活，引发环保投诉和停工整改。因此，施工单位必须严格执行环境保护措施，最大限度地控制粉尘、噪声、废水的产生和扩散。可以采用封闭作业、设置隔音屏障、废水循环利用等具体措施，在保障施工进度和质量的同时，最大限度降低对周边环境的不利影响。

规范现场管理是保障路面施工环境质量的关键。工地"脏、乱、差"的状况不仅影响美观，更易诱发安全事故和质量问题。杂乱无章的材料堆放可能污染施工原料，影响混合料配合比的准确性。凌乱的电线电缆易引发触电、火灾等危险。因此，施工单位必须建立健全现场管理制度，规范人员行为，加强材料堆放和设备摆放的条理性，保持现场整洁有序。同时，要定期对现场环境进行监测，及时发现和消除质量隐患，为施工创造安全、高效、规范的环境。

高质量的路面工程离不开优良的施工环境。相关单位和人员必须充分认识环境因素对工程质量的影响，从设计、施工、管理等方面采取有针对性的控制措施，消除或减轻气候、地质、污染等不利因素的干扰，为路面施工质量提供有力保障。只有全面优化施工环境，严把工程质量关，才能建成经久耐用、安全舒适的高品质公路，更好地服务于经济社会发展和人民群众出行。

（三）环境应急预案

环境应急预案是施工现场环境管理和应急处置的重要依据。建设项目施工过程中可能发生各类突发环境事件，如施工扬尘污染、噪声扰民、危险化学品泄漏、施工废水污染等，这些事件不仅影响工程进度和质量，更会对周边环境和居民生活造成严重危害。因此，制定科学、可行的环境应急预案，建立健全的应急管理体系，对于及时、有效应对施工现场突发环境事件，最大限度降低事故危害，维护生态环境安全和社会稳定具有重要意义。

施工企业应根据工程特点和环境风险因素，有针对性地编制环境应急预案。预案内容应包括组织机构与职责、风险分析与预防措施、应急处置程序、应急物资储备等关键要素。在组织机构方面，要明确应急指挥部的组成、职责分工和联络方式，确保应急状态下指挥有力、协调有序。风险分析要全面识别施工活动可能引发的环境事件类型，评估其发生的可能性和危害后果，制定有针对性的预防和控制措施。应急处置程序应明确事故发生后的报告、响应、处置、人员疏散等各环节的工作流程和具体要求，确保应急行动快速、规范、有序。应急物资如应急监测仪器、应急泵、净化装置、个人防护装备等要提前准备到位，定期检查维护，确保关键时刻能够发挥作用。

环境应急预案的有效实施，需要全员具备应急意识和应急能力。施工企业要将环境应急纳入安全教育和技能培训体系，组织开展事故警示教育、应急演练等活动，强化一线员工的风险防范意识，培养他们的应急处置能力。同时，要构建企业、政府、社会多方联动的应急协同机制。企业内部应加强施工、安全、环保等部门的沟通协作，形成信息共享、资源共用、力量融合的联动格局；企业外部应主动衔接属地政府职能部门，建立信息通报、应急演练、联合处置等协调机制，提升区域环境应急的整体效能。

制度建设是保障环境应急预案落地见效的关键举措。施工企业应将环境应急管理纳入环境管理体系，制定配套的管理制度和操作规程，明确应急物资管理、隐患排查治理、应急演练、事故调查与评估等各项工作的责任主体和规范要求。要强化应急预案的宣贯培训，组织开展应急演练，检验预案的可操作性和员工的应急能力，并根据演练情况持续改进完善预案。同时，要加大环境应急管理考核力度，将考核结果与职业晋升、绩效考评、违规问责等挂钩，调动全员参与环境应急管理的积极性和主动性。

制定施工现场的环境应急预案是一项复杂的系统工程，需要施工企业、政府监管部门、社会各界共同努力。施工企业作为环境应急的责任主体，要切实履行环境安全职责，完善制度体系，夯实应急能力，积极承担起保护生态环境、维护公众健康的社会责任。政府监管部门要加强环境应急工作的统筹协调和监督指导，完善区域环境应急物资储备和应急救援体系，为施工企业的环境应急提供必要的技术和资源支持。社会各界要积极参与环境安全共治，强化环境风险意识，依法有序表达环境诉求，推动形成全社会共同关注、支持和参与环境应急的良好氛围。

第五章　桥梁施工技术与质量控制

第一节　桥梁工程概述

一、桥梁的定义与分类

（一）桥梁的定义

桥梁是一种横跨障碍物、连接两个分离点的结构物，其功能是承载交通运输，克服空间阻隔，实现各地之间的交流与联系。从结构形式上看，桥梁包括梁式、拱式、刚构、悬索、斜拉等多种类型；从建筑材料上看，桥梁可分为木桥、石桥、钢桥、混凝土桥等。不同类型、不同材料的桥梁在外观造型、受力特点、适用条件等方面都有显著差异，但它们的根本作用都是连接和承载。

桥梁在人类文明发展史上具有重要地位。远古时期，为了寻觅食物、躲避天敌，人类需要跨越河流、山谷等天然屏障。最初，人们利用倒下的树木搭建简易的桥梁；后来，随着石器的出现和机械技术的进步，木桥逐渐被石拱桥取代。石拱桥不仅造型美观，而且稳定性和承载力大大提高。中国古代的赵州桥、卢沟桥，古罗马的桥等都是石拱桥的经典代表，它们为两岸居民的往来提供了便利，也见证了当时社会的繁荣发展。

近代以来，随着工业革命的兴起，钢铁工艺日臻成熟，钢桥和钢筋混凝土桥得到快速发展。这些新型桥梁不仅跨度更大、承载能力更强，而且造型更加多样、美观。著名的悬索桥如美国的金门大桥、英国的伦敦塔桥，斜拉桥如法国的米约大桥、中国的苏通大桥，以及众多的梁拱组合桥，都充分展示了现代桥梁设计与建造的高超技艺。它们犹如一道道亮丽的风景，不仅方便了人员、物资的流通，更成为一座座城市的标志性建筑。

桥梁不仅是交通运输的基础设施，更承载着丰富的人文内涵。在许多国家，桥梁被赋予了特殊的象征意义。例如，意大利的叹息桥寓意着罪犯走向刑场的绝望。在中国，桥梁往往与传说、爱情联系在一起。杭州的断桥残雪讲述了白娘子与许仙的故事。这个传说为桥梁增添了浪漫而深邃的内涵，也使其在文学艺术中得到了广泛描绘。

桥梁的发展反映了人类社会的进步。从简易木桥到宏伟石拱，从坚固钢桥到造型优美的悬索桥、斜拉桥，桥梁技术不断革新，桥梁形态日益多样，这些无不彰显着人类建筑智慧和审美追求的提升。同时，桥梁所承载的交通运输功能，极大地推动了经济社会发展。商贸的繁荣、文化的交流、资源的配置都有赖于桥梁的联通作用。

（二）桥梁的分类

桥梁的分类方式多种多样，可以从不同角度对桥梁进行分类。

从结构形式上看，桥梁可以分为梁式桥、拱式桥、刚构桥、悬索桥、斜拉桥等。梁式桥是最常见的桥型，其上部结构主要由梁构件组成，承受弯矩和剪力。简支梁桥、连续梁桥、桁架桥都属于梁式桥的范畴。拱式桥则利用拱的受压特性，将作用于桥面的荷载传递到桥墩或基础，石拱桥、混凝土拱桥、钢管混凝土拱桥等都是拱式桥的典型代表。刚构桥，也称刚架桥，是一种介于梁与拱之间的结构形式。它利用桁架或实腹梁的刚度和强度传递荷载，整体性强、稳定性好。刚构桥的形式多样，包括门式刚构桥、斜腿刚构桥、T形刚构桥和连续刚构桥等。悬索桥是一种以悬索为主要承重结构的桥梁。悬索桥通过主缆将荷载传递到锚碇，再由锚碇将拉力传给地基。这种结构形式使得悬索桥能够跨越极大的跨度，成为大跨度桥梁的首选。斜拉桥，又称斜张桥，是一种将主梁用许多拉索直接拉在桥塔上的桥梁。斜拉桥由索塔、主梁和斜拉索组成，通过斜拉索将主梁的荷载传递到索塔上，再由索塔传递到基础。斜拉桥具有跨越能力大、结构轻盈、造型美观等优点，广泛应用于城市桥梁、公路桥梁和铁路桥梁等领域。

从材料类型来看，桥梁可以分为木桥、石桥、钢桥、混凝土桥等。木桥和石桥是古代桥梁的主要形式，虽然造价低廉、施工便捷，但承载能力和耐久性相对较差。随着工业化进程的推进，钢和混凝土逐渐成为现代桥梁建设的主要材料。钢桥以其高强度、轻质量、施工便捷等优点，在大跨度桥梁领域得到广泛应用。混凝土桥则具有材料来源广泛、耐久性好、适应性强等特点，是当前公路、城市桥梁建设的首选。混凝土桥可以分为素混凝土桥、钢筋混凝土桥和预应力混凝土桥。素混凝土桥多用于跨度不大，以受压为主的拱桥。钢筋混凝土桥借助钢筋的配置，克服了混凝土抗拉强度低的缺陷，大大提高了承载能力。预应力混凝土桥采用高强度钢筋（丝）和高强度混凝土建成，可达到比钢筋混凝土桥大得多的跨度，可应用的结构体系也比钢筋混凝土桥更为广泛。

桥梁的分类标准还可以从荷载类型、交通方式等角度展开。无论采用何种分类方法，都应立足桥梁的结构受力特点、材料性能、施工工艺等，科学合理地进行分类。只有在全面理解不同类型桥梁特点的基础上，才能进行有针对性的设计与施工，建造出既安全耐久又经济美观的桥梁。深入认识桥梁分类及其依据，对于培养科学的桥梁设计思维，提高桥梁建设水平，推动桥梁技术的创新发展都具有重要意义。

二、桥梁工程的基本构造

（一）桥梁上部结构

桥梁上部结构是桥梁工程的核心部分，它直接承受车辆和行人的荷载，并将其传递给桥梁下部结构。上部结构的设计和施工质量直接关系到桥梁的安全性、耐久性和使用性能。因此，深入理解桥梁上部结构的组成、受力特点和施工工艺，对于确保桥梁工程质量具有重要意义。

桥梁上部结构通常由桥面系、承重结构和支座三部分组成。其中，桥面系位于最上层，直接与车辆和行人接触，主要包括桥面铺装层、防水层和桥面板等。桥面铺装层要求具有足够的强度、耐磨性和防滑性，以保证车辆行驶的安全和舒适。防水层则起到防止雨水渗入，保护下部结构免受腐蚀的作用。桥面板则是连接桥面铺装与承重结构的关键部件，要求有足够的刚度和强度，能可靠地将荷载传递给承重结构。承重结构是桥梁上部结构的主要受力构件，其形式多样，可采用钢筋混凝土梁、预应力混凝土梁、钢梁、组合梁等多种形式。承重结构的选型需要综合考虑跨度、荷载大小、桥位地形、施工条件等多种因素。以跨径较大的桥梁为例，常采用连续刚构、斜拉桥或悬索桥等结构形式，利用承重结构的连续性和高强材料的特性，有效降低了承重结构的截面尺寸和自重，提高了桥梁的跨越能力。而在跨径较小的桥梁中，则多采用简支梁结构，这种结构构造简单，施工方便。支座是连接桥梁上部结构和下部结构的关键部件，其作用是将上部结构的荷载可靠地传递给下部结构，并允许上部结构产生一定的变形和位移。常见的支座类型包括板式橡胶支座、盆式橡胶支座、球形钢支座等。支座的设计需要考虑荷载传递、变形协调、抗震防灾等多方面的要求。同时，支座还应便于更换和维护，以确保桥梁结构在全生命周期内的安全和耐久。

桥梁上部结构的施工是一项复杂的系统工程，涉及多学科知识和跨专业协作。

施工过程中，需要严格控制原材料质量、施工工艺、环境因素等，确保结构构件的几何尺寸和力学性能满足设计要求。以预应力混凝土梁的施工为例，需要经过支架搭设、钢筋绑扎、模板安装、混凝土浇筑、预应力张拉、养护等一系列工序。每道工序都有严格的技术标准和质量要求，稍有疏忽都可能影响结构的安全性和耐久性。因此，桥梁施工必须坚持"百年大计、质量第一"的原则，把好材料关、工艺关、监理关，确保工程质量。

（二）桥梁下部结构

桥梁下部结构是桥梁的重要组成部分，它主要包括桥台、桥墩和桥梁基础三个部分。桥台是桥梁两端的支撑结构，起到承担上部结构荷载并将其传递给桥梁基础的作用。桥墩则是桥梁中间的支撑结构，除承受上部结构传来的竖向力、水平力和弯矩外，还承受风力、流水压力及可能发生的地震力、水压力、船只和漂流物的撞击力。桥梁基础则是桥梁最底部的部分，它把桥台、桥墩所传来的荷载传递给地基，是保证整个桥梁稳定性的关键。

桥台的构造形式主要有重力式、衡重式、薄壁式、桩式等几种类型。重力式桥台利用自重来保持稳定，适用于地基条件较好、桥台高度较低的情况。衡重式桥台则在重力式的基础上增加了平衡重，适用于地基承载力较低的地段。薄壁式桥台多为钢筋混凝土结构，其特点是墙身较薄，墙后填土，利用填土的重量来保持稳定。桩式桥台顾名思义是利用桩基础来支撑台身，适用于软土地基、水中桥台等情况。

桥墩的构造形式同样多样，既有实体式桥墩，也有空心薄壁式桥墩。实体式桥墩断面实心，整体刚度大，适用于桥跨较小、荷载较大的情况。空心薄壁式桥墩在满足受力要求的同时可以减轻自重，适用于高墩大跨的桥梁。桥墩的横截面形状也多种多样，如圆形、矩形、椭圆形等，可以根据受力特点、美学要求等因素综合选择。

桥梁基础的形式主要取决于地质条件、荷载大小等因素。浅基础如扩大基础、筏形基础等，适用于地基条件较好、荷载较小的情况。桩基础则适用于软土地基、水中基础等情况，可以将荷载传递到深层的坚硬土层中。在软土地基中，还可以采用沉井、钢栈桥等特殊基础形式。桥梁基础的设计离不开详细的地质勘察，分析地基的工程特性，同时还要考虑施工条件、环境影响等因素。

桥梁下部结构是桥梁的根基，其设计和施工质量直接关系到桥梁的安全性和耐久性。

(三)桥梁附属结构

桥梁附属结构是保障桥梁正常运行和发挥功能的重要组成部分。它们虽然不像主体结构那样直接承担桥梁的荷载，但在确保行车安全、提高使用舒适度、延长桥梁使用寿命等方面发挥着不可或缺的作用。桥梁附属结构种类繁多，包括伸缩装置、防撞护栏、桥面排水系统、桥梁照明设施等，每一种结构都有其独特的功能和设计要求。

伸缩装置是桥梁附属结构中最为关键的部件之一。桥梁在温度变化、车辆荷载等因素的作用下会产生一定的变形和位移，如果不能有效地释放和调节这些变形，就会导致主体结构的损坏。伸缩装置通过在桥面上预留变形缝隙，允许上部结构和下部结构之间产生相对位移，从而缓解了内力，保护了主体结构。同时，伸缩装置还要确保车辆平稳、安全地通过，减少对车辆和乘客的冲击。针对不同跨径、不同荷载的桥梁，伸缩装置的材料、结构形式、伸缩量等都有严格的设计规范，必须严格按照要求进行施工和验收。

防撞护栏是保障桥上行车安全的重要设施。它通过在桥面两侧设置连续的钢筋混凝土护栏或钢护栏，可以有效阻挡失控车辆，防止其冲出桥面，避免更严重的事故发生。防撞护栏的高度、强度、刚度等参数需要根据桥梁的设计速度、交通量等因素综合确定。同时，还要考虑防撞护栏对桥梁整体美观的影响，采用与主体结构相协调的造型和色彩。在实际应用中，还需定期检查护栏的完好情况，对变形、开裂、剥落等情况及时修复，确保其始终处于良好的工作状态。

桥面排水系统在保证行车安全和桥梁耐久性方面也起着关键作用。积水是诱发交通事故和桥面破损的主要原因之一。因此，必须在桥面设置科学合理的排水系统，将雨水、路面冲刷物及时排出桥外，避免其对桥面和主体结构造成侵蚀。常见的桥面排水设施包括泄水管、集水井、排水管等，它们协同工作，形成了完整的排水网络。在设计排水系统时，要充分考虑桥梁所在地区的降雨特点、路面横坡、纵坡等因素，合理确定排水管的直径、间距、坡度，确保排水畅通、无积水。在养护阶段，还要定期清理排水系统，疏通堵塞的管道，保证其正常发挥作用。

桥梁照明设施不仅是美化桥梁夜景的装饰，更是确保夜间通行安全的必备设施。在夜间和能见度低的情况下，良好的桥梁照明可以为驾驶员提供清晰的视野，提高桥面和车辆的辨识度，减少事故发生的概率。根据桥梁的等级、交通量，可以选用高杆灯、中杆灯、护栏灯等不同形式的灯具。灯具的布置需要满足均匀度、眩光控制等要求，既要保证路面亮度，又要避免灯光直射驾驶员眼睛，影响驾驶。在选用灯具时，还要优先考虑 LED 等节能、环保、长寿命的新型光源，降低能耗和维护成本。同时，定期清洁灯罩、更换失效光源也是必不可少的日常养护措施。

桥梁附属结构虽然不如主体结构那样醒目，但它们在保障桥梁安全性、舒适性、耐久性等方面发挥着不可替代的作用。

第二节　桥梁施工基本技术

一、桥梁上部结构施工技术

（一）现浇梁施工

混凝土结构在桥梁工程中占据主导地位，现浇梁成为桥梁上部结构施工的首选。现浇梁以其结构形式多样、造型灵活、跨越能力强等优势，在大跨度、异形桥梁建设中得到广泛应用。与此同时，现浇梁施工也对施工技术提出了更高的要求，其施工质量直接关系到桥梁的安全性、耐久性和使用寿命。

现浇梁施工是一项系统工程，涉及模板工程、钢筋工程、混凝土工程等多个环节。其中，模板工程是现浇梁施工的基础，模板的制作精度和安装质量直接影响梁体的外观和尺寸。因此，在模板制作过程中，应严格按照设计图纸要求，选用高质量的模板材料，控制好各构件的尺寸偏差。模板安装时，应确保其平整度、垂直度和稳固性，并严密接缝，防止跑浆。

钢筋工程是保证现浇梁受力性能的关键。钢筋的品种、规格、数量应符合设计要求，并按照施工方案进行下料和加工。钢筋绑扎应做到位置准确、绑扎牢固，保护层厚度满足规范要求。同时，要加强钢筋保护，防止锈蚀和污染。在钢筋安装过程中，还应注意预留预埋件、管线，避免返工。

混凝土工程是现浇梁施工的核心，直接决定梁体的强度和耐久性。混凝土的配合比设计应根据工程要求，选用优质原材料、科学搭配，确保混凝土性能满足设计和规范要求。在混凝土浇筑前，应对模板、钢筋进行验收，并进行混凝土试配，检验其工作性能。浇筑过程中，应连续、均匀进行，控制好浇筑速度和振捣时间，避免漏振和过振。混凝土终凝前，要做好表面收浆和抹面工作，并及时进行养护，控制好温度和湿度。

现浇梁施工还要重视预应力施工，包括预应力筋的布置、张拉和灌浆等环节。

预应力筋应按设计图纸位置布设，锚具安装应平直牢固。张拉过程要严格控制张拉力和伸长量，并做好锚固和防护。预应力筋张拉完成后，应及时进行压浆，并检查孔道密实度和充盈度。此外，后张法施工时，还要考虑二次张拉的时机和荷载传递问题。

（二）预制梁施工

预制梁施工是桥梁建设中的一项关键技术，其质量直接影响着桥梁的安全性、耐久性和使用寿命。与现浇梁相比，预制梁具有施工速度快、质量易控制、造价低等优势，因此在现代桥梁工程中得到了广泛应用。然而，预制梁施工也存在着一些特殊的技术难点，需要施工人员严格按照规范要求，采取科学合理的施工工艺，才能确保预制梁的施工质量。

预制梁施工的首要环节是模板制作。模板的尺寸精度、刚度和平整度都会直接影响预制梁的外观质量和内部结构完整性。因此，在模板制作过程中，必须严格控制各项技术参数，确保模板的几何尺寸符合设计要求。同时，还要对模板进行必要的支撑和加固，防止其在浇筑过程中发生变形或位移。此外，模板表面还需涂刷脱模剂，以便后期脱模和清理。

钢筋绑扎是预制梁施工的另一个重点环节。预制梁内部往往布设有大量的钢筋，这些钢筋不仅要满足受力要求，还要符合构造要求，如保护层厚度、最小间距等。在绑扎过程中，施工人员要严格按照设计图纸进行放样，准确定位每一根钢筋的位置。同时，还要保证钢筋的连续性和锚固长度，避免出现搭接不当或锚固不牢的问题。钢筋绑扎完成后，还需对其进行支架固定，防止在浇筑过程中发生位移或上浮。

混凝土浇筑是预制梁施工的核心环节，其质量直接决定了预制梁的强度和耐久性。在浇筑前，要对混凝土进行配合比设计，选择合适的原材料，并严格控制水灰比、坍落度等指标。浇筑时要连续、均匀、分层进行，避免出现漏振、蜂窝麻面等缺陷。同时，还要特别注意预制梁端部、孔洞等特殊部位的振捣密实。浇筑完成后，要及时进行表面修整，并采取必要的养护措施，如覆盖塑料薄膜、洒水养护等，以保证混凝土达到设计强度。

预制梁的存放和运输也是影响其质量的重要因素。预制梁通常需要在施工现场存放一段时间，然后再运输到桥位进行安装。在存放过程中，要选择坚实平整的场地，并采取必要的支垫和防护措施，避免预制梁受到碰撞或变形。运输时要使用专用的运梁车，并严格注意运输速度和路况，确保预制梁的安全。吊装时要选择合适的吊点位置,并采用可靠的吊装设备和方法,避免出现应力集中或局部受损。

质量控制贯穿于预制梁施工的全过程。施工单位要建立完善的质量管理体系,制定详细的施工方案和操作规程,并加强对关键工序的检查和验收。常见的质量通病包括预制梁尺寸偏差、端部棱角缺失、裂缝和蜂窝麻面等,这些问题往往是模板制作不精确、振捣不密实、养护不到位等原因造成的。为了及时发现和解决质量问题,施工单位还要加强自检自控,定期开展质量大检查,并邀请监理单位和业主代表进行旁站监督。

(三)钢结构桥梁施工

钢结构桥梁施工是桥梁建设中的重要内容,其施工质量直接关系到桥梁的安全性、耐久性和使用寿命。与传统的混凝土桥梁相比,钢结构桥梁具有自重轻、跨度大、施工周期短等优势,在现代桥梁建设中得到了越来越广泛的应用。然而,钢结构桥梁施工也面临着诸多挑战,如施工工艺复杂、质量控制难度大、安全风险高等。为了确保钢结构桥梁的施工质量,必须严格按照设计图纸和施工规范进行施工,并采取有效的质量控制措施。

钢结构桥梁施工的首要任务是确保构件制作的精度。钢结构构件多采用工厂化加工,通过数控切割、焊接、组装等工艺制作而成。构件的尺寸精度、焊缝质量等直接影响着桥梁的受力性能和外观质量。因此,在构件制作过程中,必须严格控制各道工序,确保构件的几何尺寸和物理力学性能满足设计要求。同时,还应加强对构件的无损检测,及时发现和处理质量缺陷,从源头上保证钢结构桥梁的施工质量。

钢结构桥梁施工的另一个关键环节是现场拼装。由于钢结构构件多为大型部件,通常采用分段运输、现场拼装的方式进行施工。在现场拼装过程中,必须严格控制构件的就位精度和连接质量。一方面,要采用精密的测量放样技术,确保构件的空间位置和姿态符合设计要求;另一方面,要严格执行焊接工艺规程,确保焊缝的抗拉强度、抗剪强度等力学性能满足设计标准。此外,还应加强对现场环境的管控,避免风雨、高温等不利因素对施工质量的影响。

桥面系的施工是钢结构桥梁施工的又一重点。桥面系直接承受车辆荷载,关系到桥梁的使用性能和舒适性。在桥面系施工过程中,要严格控制桥面板的平整度和铺装层的密实度,确保桥面的行车质量。同时,要采用合理的伸缩缝类型和施工工艺,既要满足桥梁的变形需求,又要避免伸缩缝的损坏和渗漏。优化桥面系的施工，对于提高钢结构桥梁的使用性能和延长其使用寿命具有重要意义。

防腐防锈是钢结构桥梁施工不可忽视的一个方面。钢结构在大气环境中易发生锈蚀，降低其力学性能，缩短其使用寿命。为了提高钢结构桥梁的耐久性，必须采取有效的防腐防锈措施。一般采用涂装、热镀锌等方法对钢结构表面进行保护，形成一层致密的保护膜，隔绝钢材与腐蚀介质的接触。在防腐防锈过程中，要严格执行相关的技术标准和操作规程，确保防腐防锈层的完整性和耐久性。同时，还应加强对钢结构桥梁的日常养护，定期进行除锈、补漆等作业，及时修复防腐防锈层的局部损伤，延缓钢结构的锈蚀进程。

钢结构桥梁施工还应重视安全管理和环境保护。钢结构施工涉及大量的高空作业和吊装作业，极易发生安全事故。因此，必须建立完善的安全管理体系，严格执行安全技术标准和操作规程，加强对施工人员的安全教育和技能培训，配备必要的安全防护设施和应急救援装备，最大限度地降低安全风险。同时，钢结构桥梁施工不可避免地会对周围环境产生一定的影响，如噪声、粉尘、废弃物等。为了实现绿色施工，必须采取有效的环境保护措施，如设置隔音屏障、洒水抑尘、废弃物分类处置等，最大限度地减少施工活动对周围环境的干扰和破坏，树立负责任的企业形象。

二、桥梁下部结构施工技术

桥梁下部结构主要包括桥墩、桥台和桥梁基础三部分，它们共同承担着将桥梁上部结构的荷载传递至地基的重要作用。桥梁下部结构施工技术直接关系到桥梁的整体稳定性和安全性。

（一）桥墩与桥台施工技术

1. 桥墩施工技术

根据桥墩类型和地质条件选择合适的施工方法，如常规浇筑、预制拼装等。桥墩是桥梁的重要承重结构，需确保其几何尺寸、强度和稳定性符合设计要求。

2. 桥台施工技术

根据桥台类型和地质条件选择合适的施工方法，如常规浇筑、预制拼装等。桥台除了承重外，还需与路堤相连，承受桥头填土的土压力。

（二）桥梁基础施工技术

桥梁基础是桥梁下部结构的重要组成部分，它直接支撑着桥墩和桥台。桥梁基础施工技术主要包括以下几种。

1. 扩大基础

采用基坑开挖的方式进行施工，对基底进行处理后，进行砌筑圬工或浇筑混凝土。适用于地基承载力较好的情况，施工简便，但需注意挡土与止水问题。

2. 桩基础

根据成桩方法不同，可分为沉入桩和灌注桩两种：①沉入桩，通过锤击、振动或静压等方式将预制桩沉入地层；②灌注桩：在现场钻孔后，放入钢筋骨架并灌注混凝土形成桩基。其特点是适应性强，能深入土层或岩层，提高桥梁基础的承载力和稳定性。

3. 沉井基础

在现场构筑筒状结构，通过交替构筑和开挖井内土方，使其沉落到预定地基上。其特点是刚度大，承载力强，适用于深水或复杂地质条件。

4. 管柱基础

预制管柱，通过振动、射水等方法下沉至预定位置，并在管柱内灌注混凝土。其特点是施工复杂，但适应性强，特别适用于深水岩面不平、流速大的地方。

三、桥梁附属结构施工技术

（一）伸缩缝安装

伸缩缝是桥梁的重要组成部分，其安装质量直接影响行车舒适性和桥梁耐久性。安装前应彻底清理梁端缝隙的杂物，并严格按生产厂家的技术要求进行安装和定位。

（二）防护设施

防护设施如防撞栏、护栏等对于保障行车安全具有重要作用，其施工技术要点包括以下三点。

①测量放样：根据设计要求定出防护设施的平面位置和高程。

②钢筋绑扎与模板安装：钢筋在固定加工场加工完成后运至现场绑扎，模板采用定型钢模板，确保安装牢固、尺寸准确。

③混凝土浇筑与养护：采用符合要求的混凝土进行浇筑，加强振捣确保混凝土密实。浇筑完成后应及时覆盖并洒水养生。

（三）排水系统

排水系统对于桥梁的耐久性至关重要，其施工技术要点包括以下两点。

①泄水管安装：泄水管材料一般采用铸铁、钢材或塑料（如PVC、PE）等，应根据设计要求选择合适的材料。泄水管应准确预埋于桥面铺装层中，并确保其排水畅通。

②桥面排水设计：合理设置桥面纵横坡及排水设施，确保桥面排水迅速、有效。对于不设人行道的桥梁，可直接在行车道两侧的安全带或缘石上预留横向孔道，用铁管将水排出桥外。

（四）照明系统

桥梁附属结构照明系统的施工技术主要包括以下四个方面。

①灯具安装：根据设计图纸确定灯具的安装位置和高度。在安装过程中，需要确保灯具固定牢固、方向正确，并预留足够的电源线长度。

②电源与配电系统施工：按照设计要求进行电源线路的敷设和配电箱的安装。在施工过程中，需要注意电源线路的安全性和可靠性，确保没有裸露的电线和接头。

③控制系统安装与调试：根据控制系统的类型和要求进行安装和调试。在调试过程中，需要确保各个灯具能够按照预设的模式进行开关和亮度调节。

④线缆与管道敷设：按照设计图纸进行线缆和管道的敷设。在敷设过程中，需要注意线缆和管道的走向、弯曲半径以及固定方式，确保其不受损坏并能够正常工作。

四、桥梁施工安全技术

（一）安全防护措施

桥梁施工中的安全防护措施是确保工程顺利进行、保障施工人员生命安全的关键。在复杂多变的施工环境下，各种危险因素无处不在，稍有疏忽就可能酿成严重事故。因此，建立健全的安全防护体系，严格落实各项安全措施，已经成为现代桥梁施工的基本要求。

从制度层面来看，完善的安全管理制度是保障施工安全的基石。施工单位应根据工程特点和现场情况，制定科学合理的安全管理制度，明确各部门、各岗位的安全职责，规范安全操作流程。同时，要建立健全安全教育培训、安全检查、事故应急处理等制度，为安全管理提供制度保障。定期开展安全教育培训，提高施工人员的安全意识和自我保护能力；加强日常安全检查，及时消除事故隐患；完善事故应急预案，提高突发事件的处置能力。只有形成制度化、规范化、常态化的安全管理模式，才能从根本上防范安全事故的发生。

从设备设施层面来看，完备的安全防护设施是确保施工安全的重要保障。桥梁施工涉及高空作业、水下作业、起重吊装等高风险作业，必须配备相应的安全防护设施。如在高空作业区设置防护棚、安全网，为作业人员提供可靠的防坠落保护；在水下作业区配备救生衣、救生圈等救援设备，确保施工人员的生命安全；在起重吊装作业区设置警示标识、隔离防护设施，防止无关人员进入危险区域。同时，要加强对安全设备设施的日常维护和管理，确保其处于良好的工作状态。定期检查、维修、更换受损或失效的安全设备，消除设备设施方面的安全隐患。只有做到安全防护设施配备齐全、运行可靠，才能为施工人员筑起坚实的安全屏障。

从人员管理层面来看，严格的现场管理是保障施工安全的关键。桥梁施工现场人员复杂、机械设备众多，加之外界环境复杂多变，极易发生各类事故。因此，必须加强现场管理和对人员的监管。要求施工人员严格遵守安全操作规程，正确使用安全防护用品；加强对特种作业人员的资质管理，未经培训合格、未取得操作证的人员不得上岗；实行实名制管理，严格施工人员进出场登记，防止无关人员进入施工现场；强化现场动态监控，及时发现和制止违章作业行为。通过严格的现场管理，规范人员行为，提高安全管控水平，才能有效遏制人为因素导致的安全事故。

此外，营造良好的安全文化氛围也是保障施工安全的重要举措。要加大安全宣传教育力度，通过安全标语、警示牌、案例展示等多种形式，增强施工人员的安全意识；要开展丰富多彩的安全文化活动，如安全知识竞赛、应急演练等，营造"人人讲安全、事事讲安全"的浓厚氛围；要建立安全奖惩机制，表彰奖励安全生产先进个人和集体，曝光批评安全生产失信行为，激发广大员工参与安全管理的积极性和主动性。久而久之，必将形成"安全第一、预防为主"的施工安全文化，为桥梁建设筑牢安全根基。

（二）施工现场管理

桥梁施工现场管理是确保桥梁工程质量和施工安全的重要保障。施工现场管理涉及人员、材料、机械设备、施工工艺等诸多要素，需要科学、规范、高效的管理模式。首先，施工现场必须建立健全的安全生产责任制，明确各岗位人员的安全职责，严格落实安全技术交底和安全教育培训，强化全员安全意识。同时，要制定完善的安全管理制度和操作规程，配备必要的安全防护设施，加强对危险作业环节的监管，及时排查和消除安全隐患。

其次，材料和设备管理是施工现场管理的关键内容。施工材料的质量直接影响桥梁工程的耐久性和安全性，因此必须严把材料采购关，严格按照设计要求和相关标准进行材料检验和复试，确保材料质量满足规范要求。大型机械设备是桥梁施工的重要装备，要加强对设备的日常维护和保养，定期进行安全检查和性能测试，发现问题及时维修或更换，确保设备始终处于良好的工作状态。

再次，科学合理的施工组织设计是施工现场管理的纲领性文件。施工组织设计要全面考虑工程特点、现场条件、施工工艺等因素，合理安排施工进度和资源配置，协调各专业施工之间的衔接，优化施工方案，提高施工效率。在施工过程中，要加强对关键工序和特殊部位的技术管理，严格执行施工技术标准，强化工序验收和质量控制，确保施工质量符合设计要求。

最后，现场文明施工和环境保护也是施工现场管理的重要内容。要加强现场布置和临时设施管理，保持现场整洁有序，最大限度减少施工扬尘、噪声等环境污染，做好废弃物的分类收集和及时清运，树立良好的企业形象。同时，要高度重视劳动保护和职业健康管理，为一线施工人员提供必要的劳保用品和生活保障，关心关爱农民工，构建和谐稳定的劳资关系。

现场信息化管理是提升管理效能的重要手段。应用BIM、物联网、大数据等信息技术，建立施工现场管理信息系统，实现施工进度、质量、安全等关键要素的实时监控和动态管理，为科学决策提供数据支撑。通过信息化手段优化资源配置，提高管理效率，降低管理成本，实现现场管理的精细化、智能化。

高效规范的现场组织协调是确保施工有序推进的关键。要建立现场协调机制，加强各参建单位之间的沟通协调，及时解决施工中出现的问题和矛盾。定期召开现场协调会，及时传达工程进度、质量、安全等重要信息，研究解决施工中的重大问题。同时，要妥善处理与政府部门、监理单位、周边社区的关系，争取各方支持，营造良好的施工外部环境。

（三）应急预案与处理

应急预案与处理是桥梁施工安全管理中至关重要的一环。桥梁工程作为一项复杂的系统工程，涉及诸多风险因素，如自然灾害、设备故障、人为失误等，这些因素都可能导致重大安全事故的发生。一旦事故发生，如果没有完善的应急预案和高效的处理机制，就可能造成人员伤亡、经济损失，甚至对区域交通造成严重影响。因此，制定科学合理的应急预案，建立快速响应的应急处理机制，是确保桥梁施工安全、保障工程顺利进行的重要前提。

应急预案的制定需要立足桥梁工程的实际情况，全面考虑可能出现的各种突发事件和潜在风险。这就要求施工单位组织专业人员对施工现场进行深入调研，识别风险源、评估风险等级，在此基础上有针对性地制定应急预案。预案内容应包括应急组织体系、响应流程、救援措施、善后处置等关键要素，既要全面周详，又要简明易行，确保在危急时刻能够迅速启动、有序运转。同时，应急预案还应根据工程进展和现场变化及时更新完善，使其始终与实际情况相适应。

应急处理机制的建立旨在确保应急预案能够在突发事件中得到有效执行。首先，要成立应急指挥机构，明确各方职责，形成统一指挥、分工协作的应急处置合力。其次，要配备必要的应急物资和装备，如医疗急救设备、通信工具、抢险机具等，确保在事故发生时能够第一时间投入使用。再次，要加强应急培训和演练，通过情景模拟、实战演习等方式，提高施工人员的应急处置能力和协同作战水平。最后，还应与地方政府、救援机构建立协调联动机制，形成多方参与、资源共享的应急救援网络。

在应急处置过程中，救援人员的生命安全始终是第一位的。因此，要严格遵循"安全第一、生命至上"的原则，科学制订救援方案，合理调配救援力量，最大限度地减少人员伤亡。同时，要高度重视事故原因调查和责任认定工作，通过事故分析总结经验教训，完善安全管理制度，从而在机制层面堵塞安全漏洞，防范类似事故再次发生。

第三节 桥梁施工质量控制

一、材料质量控制

（一）材料选择标准

材料选择标准是桥梁施工质量控制的重要组成部分，它直接关系到桥梁工程的质量和安全。桥梁作为重要的交通基础设施，承担着巨大的社会责任。因此，对于桥梁建设而言，材料选择必须遵循严格的标准和规范，确保所选用的材料性能优良、质量可靠、经济合理。

在材料选择过程中，首先要考虑的是材料的力学性能。桥梁结构需要承受各种静力荷载和动力荷载的作用，如恒载、雪荷载、风荷载、地震荷载等。所选材料必须具备足够的强度、刚度和韧性，以保证桥梁结构的安全性和耐久性。以混凝土为例，作为桥梁工程中应用广泛的材料之一，其抗压强度、抗拉强度、弹性模量等力学指标都需要满足设计要求。同时，对钢材、预应力钢筋等其他材料的力学性能也需要严格把控，确保其满足荷载传递和结构变形的要求。

除了力学性能外，材料的耐久性也是选择过程中必须重点考虑的因素。桥梁结构长期暴露在自然环境中，需要抵抗风吹日晒、雨雪侵蚀、温度变化等各种因素的影响。因此，所选材料必须具有优异的抗老化、抗腐蚀、抗冻融等性能，以延长桥梁的使用寿命，减少维修和更换的频次。以钢结构为例，钢材的耐候性直接影响着桥梁的耐久性。选用优质的耐候钢，可以大大提高钢结构的抗腐蚀能力，减少锈蚀对结构的危害。同时，混凝土的耐久性也不容忽视。掺加适量的外加剂，提高混凝土的密实度和抗渗性，可以有效防止有害物质的侵入，延缓材料劣化。

材料的环保性和经济性也是选择时需要权衡的重要因素。随着可持续发展理念的深入人心，绿色环保已成为工程建设的重要理念。在材料选择时，应优先考虑对环境影响小、可再生、可回收利用的材料。同时，材料的经济性也关系到工程造价和后期维护成本。在保证质量和性能的前提下，选择性价比高的材料，可以在控制成本的同时，实现桥梁工程的经济效益最大化。

此外，材料的适用性也是选择过程中不可忽视的因素。不同的桥型、跨径、施工工艺对材料的要求各不相同。材料选择应根据桥梁的具体情况，综合考虑材料的加工性能、运输条件、施工便利性等因素，选择最为适宜的材料类型和规格。如在高寒地区修建桥梁，就需要选用低温性能良好的钢材和混凝土，以适应恶劣的气候条件。

材料选择标准的制定需要建立在大量试验研究和工程实践的基础之上。通过材料力学性能试验、耐久性试验等手段，全面评估材料的各项指标，为材料选择提供可靠的数据支撑。同时，还需认真总结已建成桥梁工程的材料使用经验，形成完善的材料选择数据库和案例库，为后续工程提供有益借鉴。只有不断完善材料选择标准，并在实践中严格执行，才能从源头上保障桥梁工程的质量和安全。

（二）材料进场检验

桥梁施工材料进场检验是材料质量控制的重要环节,其目的在于把好材料"入口关"，避免不合格材料流入施工现场，从源头上控制工程质量风险。进场检验一般包括外观检查、质量证明文件审核、抽样检测等步骤，通过对材料的感官特性、生产信息、理化性能等方面的全面考察，确保其满足设计和规范要求，为后续施工奠定坚实基础。

从专业角度来看，材料进场检验需要遵循一系列严格的技术标准和规范。如《公路工程质量检验评定标准》（土建工程）（JTG F80/1—2004）对水泥、钢筋、沥青、砂石料等主要桥梁工程材料的进场检验做出了明确规定。该标准要求材料供应商提供合格的出厂合格证、质量保证书、型式检验报告等，同时明确了现场验收的抽样方案、检测项目、频率、方法以及合格判定条件。执行规范标准，严把材料质量关，是保障桥梁施工质量的重要前提。

从实践层面来看，进场检验还需要与材料特性、工程实际相结合，采取科学、严谨、高效的管理模式。以预应力钢绞线为例，作为桥梁上部结构主要受力构件，其品质直接关系到桥梁的安全性和耐久性。因此，在预应力钢绞线进场时，除了常规的外观、规格检查外，还应重点关注其力学性能。可采用局部取样的方式，选取不同批次、不同生产厂家的样品，送至有资质的第三方检测机构进行抗拉强度、断后伸长率、弹性模量等项目检测，确保其各项指标均满足设计要求。同时，预应力钢绞线运输、卸载、存储等环节也应严格管控，避免锈蚀、损伤等影响其使用性能。

材料进场检验不仅是一项技术工作，更是一项系统工程，需要建立完善的质量管理体系予以保障。具体而言，应从制度、人员、设备等方面入手，建章立制，落实责任。如制定科学的材料检验规程，明确检验流程、标准和内容；配备专职检验人员，加强业务培训和考核；引进先进的检测设备和信息化管理系统，提高检验效率和可追溯性。同时，还应加强与设计、施工、监理等相关方的沟通协调，及时反馈检验结果，发现问题立即整改，形成闭环管理，确保材料质量全过程、全方位受控。

（三）材料储存与保管

材料的储存与保管是保证桥梁施工质量的重要环节。施工单位必须高度重视材料管理工作，建立健全的材料储存与保管制度，确保材料质量满足设计和规范要求。一方面，要根据材料性质和施工进度合理规划材料堆放场地。场地应平整坚实，排水良好，远离污染源和火源。水泥、钢筋等主要材料应设专人管理，做好标识和记录。另一方面，要做好材料的防护措施。水泥应存放在专用的水泥仓库内，防止受潮结块。钢筋应按规格型号分类存放，防止锈蚀和变形。木材应垫高存放，防止霉变和虫蛀。油料、化学品等应存放在阴凉通风处，远离明火，防止泄漏和污染。

在材料进出场环节，要严格执行验收和领用制度。进场材料必须有合格证明文件，经过检验合格后方可入库。领用材料时，要根据施工计划提前申请，经审批后按规定数量发放。材料出入库要详细记录，做到账实相符。定期盘点，及时处理超储或临期材料，避免造成浪费。

对于易燃易爆物品，要单独存放，设置专人管理，严防火灾事故。对于剧毒或强腐蚀性材料，要采取特殊防护措施，配备必要的防护设施和应急装备，确保安全。大型设备构件等要合理布置堆放，便于吊装和运输，避免碰撞和损坏。

材料管理人员要加强学习，提高专业素质和管理水平。要树立质量意识和成本意识，合理控制材料储备量，提高材料利用率。要积极引进新材料、新工艺，优化材料配置，降低材料消耗。要强化材料质量检验，严把材料入场关，坚决杜绝不合格材料流入施工现场。

建立可追溯的材料管理信息系统也十分必要。利用条码、射频识别（radio frequency identification，RFID）等技术，对材料的采购、运输、储存、使用等环节进行全过程跟踪管理，实现材料流向和状态的实时监控，提高管理效率和决策水平。

二、施工工艺质量控制

（一）工艺流程设计

工艺流程设计是桥梁施工质量控制的关键环节，它直接影响着施工质量和进度。科学合理的工艺流程设计能够有效保障桥梁工程的顺利实施，降低施工风险，提高工程质量和效益。因此，在桥梁施工中，必须高度重视工艺流程设计，不断优化和完善设计方案，为工程建设提供有力支撑。

工艺流程设计应立足工程实际，充分考虑桥梁结构特点、施工环境条件、材料性能等因素。设计人员要深入研究设计图纸和技术规范，全面了解工程概况，准确把握质量控制要点。同时，还要广泛收集相关工程的施工经验和教训，借鉴先进的施工工艺和管理模式，优化设计方案。在设计过程中，要坚持因地制宜、因桥制宜的原则，针对不同的桥型、跨径、地质条件等，采用差异化的施工工艺和流程安排，确保施工方案的针对性和可操作性。

工艺流程设计的核心是构建科学合理的施工程序和作业步骤。设计人员要对桥梁结构受力特点有深刻认识，合理划分施工阶段和步骤。例如，对于大跨径桥梁，可采用多点同步施工的方式，将桥梁分为若干个施工段，同步推进各施工段的作业，缩短工期；对于高墩桥梁，要合理设置施工平台和防护设施，保障施工安全和便捷。同时，还要优化各工序之间的衔接和配合，协调好土建、机电、监控等专业之间的关系，避免交叉作业和窝工等问题。通过精细化的施工程序设计，形成紧凑高效、环环相扣的作业链条,为施工组织提供清晰的路线图。

选择合适的施工工艺和设备是工艺流程设计的重要内容。设计人员要充分考虑桥梁结构特点和施工条件,优选先进适用的施工工艺。例如,在桥面铺装中,要根据桥面结构形式、荷载等级、耐久性要求等,选择合适的铺装材料和施工工艺,如沥青混凝土铺装、自密实混凝土铺装等;在钢结构制作和安装中,要采用工厂化加工和装配式施工等先进工艺,提高生产效率和施工精度。同时,还要合理配置施工机械和设备,优化设备组合方案,最大限度地发挥机械化作业的效能。通过先进工艺和设备的应用,提高施工效率,保障工程质量,为工程建设注入强大动力。

工艺流程设计要着眼全局,统筹兼顾,协调好质量、进度、成本、安全等目标之间的关系。在保证质量和安全的前提下,要合理控制工期,优化施工进度计划。可采用网络计划技术,科学安排各工序的计划工期,实现施工进度的动态优化和实时管控。同时,还要重视成本控制,在工艺流程设计中优化资源配置,减少材料损耗,控制施工费用。通过强化施工组织管理,实现质量、进度、成本、安全等目标的均衡,最大限度地发挥工程综合效益。

完善的工艺流程设计还要重视施工过程的动态管控。要建立健全质量检验制度,严格控制原材料、构配件、成品的质量,及时发现和处理质量缺陷;要加强现场施工管理,严格执行工艺纪律,规范操作行为,强化过程监督和检查;要完善信息化管理手段,利用物联网、大数据等技术,实现施工过程的实时监测和智能分析,为科学决策提供依据。通过动态管控措施的实施,确保施工过程始终在受控状态,为工程质量提供有力保障。

(二)工艺参数控制

工艺参数作为桥梁施工质量控制的重要组成部分,直接影响着桥梁工程的整体质量和使用性能。工艺参数控制的核心在于根据设计要求和施工条件,合理确定和优化各项施工工艺指标,并在施工过程中严格执行,确保工程质量满足规范标准。这一过程需要施工技术人员具备扎实的理论基础和丰富的实践经验,能够灵活运用各种质量控制手段,动态调整工艺参数,适应复杂多变的施工环境。

混凝土配合比设计是工艺参数控制的重点之一。桥梁工程对混凝土的强度、耐久性、工作性等性能都有着严格的要求,而这些性能的实现在很大程度上取决于混凝土的配合比设计。施工单位应根据工程设计文件和相关规范,结合原材料性能、施工工艺、环境条件等因素,优化混凝土配合比设计参数。在确定水灰比、砂石料配比、外加剂用量等关键指标时,既要满足强度和耐久性的要求,又要兼顾和易性和经济性。同时，还应通过试验室测试和现场试验相结合的方式，验证配合比设计的可行性，并在施工中严格控制拌和物的质量，确保混凝土性能的稳定。

钢筋连接方式的选择和施工质量控制也是工艺参数的重要内容。桥梁上部结构普遍采用预应力钢筋混凝土，其对钢筋的连接质量有着极高的要求。施工单位应根据设计图纸和规范要求，合理选择钢筋连接方式，如绑扎连接、焊接连接、机械连接等。无论采用何种连接方式，都必须严格控制连接的质量，如保证绑扎的牢固、焊缝的饱满、套筒的紧固等。同时，还应加强对钢筋连接的检验和检测，运用无损检测等手段，及时发现和处理连接质量问题。只有确保钢筋连接的可靠性，才能保证桥梁结构的整体性和安全性。

支架体系的搭设和预压也是影响桥梁施工质量的关键工艺参数。桥梁施工中的支架体系一般由钢管支架、扣件、木枋等组成，其搭设质量直接关系到混凝土结构的成形质量和安全性。施工单位应优化钢管支架搭设方案，合理选择钢管支架型号和布置形式，确保钢管支架的强度、刚度和稳定性满足要求。在钢管支架搭设过程中，应严格控制立杆的垂直度、纵横向水平杆的位置和标高，并采用经纬仪、水准仪等测量工具进行复核。同时，还应在浇筑混凝土前进行钢管支架预压，检验钢管支架的承载能力和变形情况，及时调整和加固。只有精心的钢管支架体系搭设和预压，才能为后续施工创造良好条件，确保结构质量和施工安全。

此外，养护条件的控制也是影响桥梁混凝土质量的重要工艺参数。桥梁工程的外部环境复杂多变，混凝土结构易受温度、湿度等因素的影响，导致强度发展缓慢、收缩开裂等质量问题。为此，施工单位应根据季节特点和环境条件，合理确定混凝土的养护方式和养护时间，如采用洒水、覆盖塑料薄膜、搭设保温棚等措施，控制混凝土的温度和湿度。同时，还应加强养护期间的质量检查，随时掌握混凝土强度发展情况，确保其达到设计和规范要求。只有实施科学规范的养护，才能充分发挥养护工艺参数的作用，改善混凝土的微观结构，提高其强度和耐久性。

（三）工艺操作规范

工艺操作规范是桥梁施工质量控制体系中不可或缺的重要组成部分。它是指在施工过程中，严格按照设计图纸和技术标准所规定的工序、方法、步骤进行操作，以确保工程质量满足设计和规范要求。工艺操作规范贯穿于桥梁施工的全过程，涵盖了原材料准备、构件加工、运输存储、现场安装等各个环节。

工艺操作规范的制定需要综合考虑桥梁结构特点、施工条件、技术标准等诸多因素。首先，要根据桥梁的结构形式和受力特点，确定关键工序和控制要点。例如，对于预应力混凝土桥梁，张拉和灌浆是两道至关重要的工序，需要重点控制；而对于钢桥，则需要着重把控焊接工艺参数和焊缝质量。其次，要结合施工现场的地质、水文、气象等条件，优化施工工艺，合理安排施工时序。再次，要全面梳理国家和行业标准，提炼出切实可行的技术要求，并转化为便于操作的规范条文。最后，还要充分吸收同类工程的成功经验，借鉴先进的施工工艺和管理模式，不断完善操作规程。

工艺操作规范的有效实施离不开科学合理的工艺设计和过程控制。一方面，要针对不同部位、不同阶段的施工任务，制定详细的工艺流程图和操作指导书，明确每道工序的作业内容、技术要求、质量标准、检验方法等，做到有章可循、有据可查。同时，要加强工艺交底和技术讲解，确保每一位操作人员都能熟悉并掌握规范要求。另一方面，要建立工序质量验收和评定机制，严把工序质量关。对于每道完成的工序，都要按照规范进行严格检查，对于不合格的部位，要及时整改，直至满足要求为止。只有每道工序都严格按照规范操作，层层把关、环环相扣，才能确保整个施工过程的受控和工程质量的合格。

此外，工艺操作规范还需要与相关的管理制度和措施相配套，形成科学完善的质量控制体系。例如，原材料的采购和验收、机械设备的进场检查、操作人员的持证上岗等，都需要制定相应的管理制度，并与工艺操作规范相衔接，构成全过程、全方位的质量控制网络。同时，还要加强对操作行为的监督检查，建立质量责任追究机制，强化全员参与意识。通过技术与管理的深度融合，才能保证工艺操作规范落到实处，发挥实效。

三、施工质量检测与验收

（一）检测方法与标准

桥梁质量检测与验收是确保桥梁工程质量的重要环节，它贯穿于桥梁施工的全过程。科学、规范、严谨的检测方法和标准是保障桥梁质量的基石，也是实现桥梁安全、耐久、适用的关键。

桥梁质量检测方法应具有针对性和实效性。针对不同的桥梁类型、施工工艺和材料特性，应采用相应的检测方法。例如：对于混凝土桥梁，需要重点检测混凝土强度、弹性模量、碳化深度等指标；对于钢结构桥梁，需要重点检测焊缝质量、涂层性能、构件尺寸等参数。同时，检测方法还应与时俱进，借鉴国内外先进经验，运用新技术、新设备，提高检测效率和精度。如超声波检测、雷达检测等无损检测技术的应用，大大提升了桥梁内部缺陷的发现能力。

桥梁质量检测标准应全面、系统、量化。全面性要求检测标准涵盖桥梁工程的各个方面，包括原材料质量、施工工艺、外观尺寸、内在性能等。系统性要求检测标准与设计规范、施工规范相衔接，与桥梁的安全、适用、耐久等功能需求相匹配。量化性要求检测标准以可测量的技术指标为依据，对质量做出准确评价。例如，对桥梁外观质量的评定，可以从裂缝宽度、棱角完整度、是否存在蜂窝麻面等方面入手，给出明确的量化标准。

（二）检测频次与周期

桥梁施工质量检测贯穿于整个施工过程，是保证桥梁工程质量的重要手段。合理确定检测频次和周期，对于及时发现和解决质量问题，避免质量事故的发生具有重要意义。一般而言，桥梁施工质量检测频次和周期的确定需要考虑多方面因素，包括工程规模、施工工艺、材料特性、环境条件等。

对于大型、复杂的桥梁工程，质量检测频次应当适当增加。这是因为大型桥梁工程施工周期长、工序繁杂，涉及的材料、设备、人员也相对较多，质量控制难度大。增加检测频次有助于及时掌握工程质量动态，发现潜在质量隐患。例如，在桥梁基础施工阶段，对于水下墩台、桩基等关键部位，可适当缩短检测周期，每周或每隔几天进行一次全面检查，确保基础质量满足设计和规范要求。

施工工艺的特点也是影响检测频次和周期的重要因素。对于一些新工艺、特殊工艺或质量易波动的工序，需要加大检测力度。如在大体积混凝土浇筑施工中，为严格控制混凝土温度变化，避免温度裂缝的产生，要求在浇筑过程中每 2 小时测试一次混凝土内部温度，直至温度稳定。再如，在预应力施工中，对于钢绞线、锚具等材料的性能检测，一般要求在使用前、使用过程中定期进行，以确保材料质量符合要求。

原材料质量直接关系到工程质量，因此材料检测也是质量控制的重点内容。水泥、钢筋、砂石等主要原材料，在进场时必须依据相关标准进行质量检验，并留置样品备查。对于质量要求高、用量大的材料，还应在施工过程中定期取样复检，如每 200 t 水泥取样一次，每批或每 100 t 钢筋随机抽取 3 个试件进行力学性能检验。通过这种定期检测，能够有效防止不合格材料流入施工现场，从源头上控制工程质量。

客观环境条件的变化也会影响检测频次和周期的确定。例如，在寒冷地区施工或冬季施工，混凝土的拌和、运输、浇筑、养护等过程都需要采取保温措施，而混凝土养护质量直接影响到工程质量。因此，在这种情况下，要适当提高混凝土质量检测频率，每班或每天都应留置混凝土试块，经养护达到龄期后进行强度检验，确保混凝土强度满足设计要求。

事实上，桥梁施工质量检测内容十分广泛，涵盖了原材料质量、施工工艺、成品质量、观感质量等诸多方面。针对不同的检测对象，检测频次和周期也应有所侧重。通常，对原材料的质量检测频率相对较高，一般在材料进场时、使用前以及施工过程中定期进行。而成品质量检测周期相对较长，可在分项工程或分部工程完成后进行验收检测。至于观感质量检查，则贯穿于施工全过程，对于外露面、重要位置等应在浇筑或装饰完成后及时检查，发现问题及时整改。

需要强调的是，桥梁施工质量检测频次和周期的确定要符合相关规范和合同要求。我国现行的公路桥梁、涵洞施工技术规范、铁路桥梁、涵洞施工技术规范等均对质量检验与验收做出了明确规定，要求施工单位严格按规定进行原材料检验、工序检验、分项工程验收、分部工程验收等。同时，业主和监理也会在施工合同中对关键材料、关键工序的检测频率提出具体要求。施工单位必须严格执行规范和合同要求，确保工程质量满足标准。

（三）验收程序与标准

桥梁工程竣工验收是整个桥梁建设过程中的最后一个关键环节，其目的是全面评估工程建设质量，确保桥梁建成后能够安全、耐久、适用。科学规范的验收程序和严格的验收标准是保证桥梁工程质量的重要保障。

桥梁验收程序通常包括资料验收、现场验收和综合验收三个阶段。资料验收主要审核工程建设过程中形成的各类技术文件和管理文件，如设计文件、施工方案、材料检测报告、施工记录等，以确保工程建设的合法合规性和可追溯性。现场验收则是通过实地勘察、测量、检测等手段，对桥梁的线形、尺寸、外观、结构性能等进行全面检查，判断其是否满足设计和规范要求。综合验收是在前两个阶段的基础上，结合桥梁的实际使用情况和运营管理需求，对工程的整体质量做出评估。

验收标准是衡量桥梁工程是否合格的重要尺度。我国现行的公路桥梁工程验收标准主要包括《公路工程质量检验评定标准》（第一册 土建工程）（JTG F80/1—2017）、《公路桥涵设计通用规范》（JTG D60—2004）等。这些标准从桥梁的耐久性、适用性、安全性等方面提出了明确的技术指标和验收条件。除了国家标准外，各地方和业主单位还可根据项目的特点制定相应的验收规范。这些规范在遵循国家标准的基础上，针对具体工程的功能定位、环境条件、使用需求等提出更为详细和严格的要求。例如，跨越特大型航道的桥梁在通航净空和防撞设施方面可能有特殊规定，城市景观桥梁在外观造型和装饰效果方面会有更高的标准。因此，桥梁验收既要严格执行国家标准，也要符合专业技术规范的要求。

高质量的桥梁验收离不开精细化的检测手段。传统的目测、尺量等方法虽然直观，但难以全面揭示结构内部的缺陷。现代无损检测技术如超声波检测、雷达检测、红外热像等为桥梁验收提供了有力工具。通过这些先进的检测手段，可以准确评估混凝土的强度、均匀性，及早发现钢结构的焊接裂纹、锈蚀情况，从而大大提高了验收的科学性和可靠性。与此同时，桥梁验收还应充分利用信息化、数字化技术，建立完善的质量追溯体系。将各环节的原始记录、检测数据等录入信息化平台，形成可查询、可分析的电子档案，这既方便了工程质量的跟踪管理，也为后期的养护维修提供了决策支撑。

严谨科学的验收程序、明确具体的验收标准、先进可靠的检测手段以及规范有序的信息化管理，共同构成了桥梁工程验收的"四大支柱"。只有全面落实这些要素，严把工程质量关，才能确保桥梁建成后安全耐久、实用美观，为人民群众出行提供优质便捷的通行条件，为区域经济社会发展提供坚实可靠的交通保障。在新时代背景下，进一步完善桥梁验收体系，提升验收水平，对于加快建设交通强国具有重要意义。

第六章 隧道施工技术与质量控制

第一节 隧道工程概述

一、隧道工程的定义与分类

（一）隧道工程的定义

隧道工程是指在地下或水下开挖、修建通道以供人员、车辆、设备、物资等通行的工程。隧道工程是土木工程的重要组成部分，在交通运输、水利水电、矿山开采、市政建设等领域发挥着不可替代的作用。从功能上看，隧道可分为交通隧道、水利隧道、矿山隧道、市政隧道等类型。其中，交通隧道是隧道工程中最为常见、应用最为广泛的一种形式。

隧道工程的建设需要综合考虑地质条件、工程技术、经济效益、环境影响等多方面因素。从地质条件来看，隧道的修建需要详细勘察工程所在地的地层构造、岩石性质、地下水文等情况，选择合适的施工方法和支护措施，确保工程的安全性和稳定性。从工程技术角度来看，隧道工程涉及掘进、支护、防水、通风、照明等多个专业领域，需要运用先进的施工设备和技术，不断优化设计方案和施工工艺，提高工程质量和效率。从经济效益角度来看，隧道工程投资规模大、工期长、风险高，需要严格控制成本，合理安排资金，最大限度地发挥投资效益。从环境影响角度来看，隧道工程施工不可避免地会对周边环境产生一定影响，需要采取有效措施减少对生态环境的干扰和破坏，履行环境保护责任。

隧道工程的复杂性和系统性决定了其对专业人才有极高的需求。隧道工程师不仅需要扎实的理论基础和专业知识，还需要丰富的实践经验和创新能力。他们要能够综合分析地质条件、施工工艺、结构受力等因素，优化隧道线位和断面设计；要熟悉掌握各种隧道施工方法，如钻爆法、掘进机法、盾构法等，并根据具体情况灵活选用；要能够识别和处置各类工程风险，制定有效的应急预案，确保施工安全；要关注行业前沿动态，学习和运用新技术、新工艺、新材料，不断推动隧道工程的技术进步。优秀的隧道工程师不仅要有过硬的专业素质，还要具备良好的职业操守和社会责任感。隧道工程建设周期长、投资大，一旦出现质量问题，将给社会带来巨大的经济损失和安全隐患。因此，隧道工程师必须始终坚持工程质量第一的原则，严格遵守各项技术标准和规范，加强施工过程控制和质量监督，确保每一项工程都经得起时间和实践的检验。同时，隧道工程师还要主动承担起环境保护、资源节约的责任，在工程建设中最大限度地减少对自然环境的影响，努力实现人与自然的和谐共生。

隧道工程对于一个国家和地区的经济社会发展具有重要的战略意义。修建隧道可以克服自然障碍，拉近区域间距离，加强经济文化交流，推动区域经济一体化进程。例如，我国的秦岭终南山公路隧道、武汉长江隧道等重大交通隧道工程的建成通车，极大地改善了区域交通条件，促进了区域经济社会的繁荣发展。隧道在水利水电工程中也发挥着关键作用，修建输水隧洞可以优化水资源配置，修建引水发电隧洞可以提高电站装机容量，为国家能源安全和电力供应提供有力保障。隧道在国防建设中同样不可或缺，大量的地下军事设施都是以隧道的形式修建，对于提高部队的战斗力和生存能力具有重要意义。

（二）隧道工程的分类

隧道工程按照不同的标准可以划分为多种类型。根据隧道的用途，可以分为公路隧道、铁路隧道、地铁隧道、水利隧道、矿山隧道等。不同用途的隧道在断面形式、建造方法、支护结构等方面都有显著差异。例如，公路隧道通常采用圆拱形或圆形断面，以适应汽车通行的要求；而地铁隧道多为矩形断面，便于列车的运行和乘客的上下。

按照隧道所处地质条件的复杂程度，隧道可以分为简单地质隧道、复杂地质隧道和特殊地质隧道。简单地质隧道指岩体完整、地质构造简单、无特殊不良地质现象的隧道；复杂地质隧道则指岩体破碎、地质构造复杂、存在岩溶、岩爆、涌水等不良地质现象的隧道；特殊地质隧道是指处于活动断层、岩溶塌陷区等极端复杂地质环境中的隧道。不同类型的隧道在勘察设计和施工过程中需要采取相应的技术措施，以应对潜在的工程风险。

按照隧道所在位置的水文地质条件，隧道可以分为干燥隧道、湿陷性隧道和富水隧道。干燥隧道指地下水位低于隧道埋设标高，隧道围岩基本无渗水的隧道；湿陷性隧道是指隧道埋设在饱和或接近饱和的湿陷性黄土地层中的隧道；富水隧道则指隧道埋设在富水岩层中，受地下水长期浸泡、水压力大的隧道。不同水文地质条件下的隧道在防排水设计、施工工艺选择等方面有很大不同。

除了上述分类方法外，隧道还可以按照建造方法分为明挖法隧道和暗挖法隧道，按照支护结构形式分为衬砌隧道和不衬砌隧道，按照洞口数量分为单洞隧道和双洞隧道等。事实上，由于隧道工程所处环境的复杂多变性，以及功能需求的多样性，隧道类型的划分标准也在不断细化和完善。工程技术人员需要在深入分析隧道特点的基础上，因地制宜地选择合理的隧道类型和建造方案，确保隧道工程的安全、经济、环保。

只有准确把握不同类型隧道的特点，才能在隧道设计和施工中采取针对性措施，提高隧道工程质量，降低建设成本。例如，对于复杂地质隧道，设计人员需要通过详细的工程地质勘察，揭示隧道围岩的稳定性、渗水性等特征，并据此优化隧道线位、断面形式和支护方案；施工人员则需要严格控制开挖进度，及时进行初期支护，预防塌方、突泥突水等事故发生。又如，对于富水隧道，设计中应加强防排水系统的设置，合理选择隧道衬砌材料和施工工艺；施工中则需要采取预备注浆、帷幕注浆等措施，有效降低地下水对隧道施工的不利影响。

二、隧道工程的基本构造

（一）隧道衬砌

隧道衬砌作为隧道结构的重要组成部分，对确保隧道安全、耐久、舒适具有关键作用。隧道衬砌需要承受来自周围岩体的压力、地下水的侵蚀以及施工和运营过程中的各种荷载，因此必须具备足够的强度、刚度和耐久性。同时，隧道衬砌还肩负着改善隧道内部光线、通风条件，为行车和检修人员提供良好环境的重任。可以说，隧道衬砌的设计与施工质量直接关系到隧道工程的安全和使用寿命。

从材料选择的角度来看，隧道衬砌可分为混凝土衬砌、钢筋混凝土衬砌和钢衬砌等类型。在我国，混凝土衬砌是应用最为广泛的一种形式。混凝土衬砌施工工艺相对成熟，原材料易得，经济性好，因而在大多数隧道工程中得到青睐。钢筋混凝土衬砌则兼具混凝土的耐压性能和钢筋的抗拉性能，进一步提高了衬砌结构的承载力和可靠性，常用于地质条件复杂、荷载较大的隧道工程中。钢衬砌虽造价较高，但具有自重轻、强度高、施工速度快等优点，在特殊环境或工期紧张的工程中有独特优势。因此，衬砌材料的选择需要综合考虑工程地质、荷载条件、施工工期、造价等诸多因素，才能做出最优决策。

从受力特点的角度来看，隧道衬砌需要承受周围岩体的土压力和水压力。这两种压力的大小和分布受岩体性质、埋深、地下水位等因素的影响，呈现出显著的空间变异性。如果隧道衬砌设计不能准确把握压力的分布规律，或施工控制不当导致隧道衬砌出现质量缺陷，就可能引发严重的工程事故。因此，隧道衬砌设计必须以翔实的工程地质勘察资料为基础，运用岩土力学和结构力学的相关理论，对隧道衬砌受力进行精细分析和计算。在施工阶段，还需要加强现场监测，及时掌握围岩变形、支护受力的实际情况，为隧道衬砌施工提供可靠依据。只有在设计、施工、监测等环节严格把关，遵循隧道衬砌受力特点，才能确保隧道衬砌结构的安全性和耐久性。

从功能布置的角度来看，隧道衬砌除了发挥支护受力的作用外，还需要为照明、通风、救援等附属设施提供安装空间。在隧道衬砌内预留检修廊道、电缆沟、管线洞等功能性构件，是现代隧道工程的通行做法。这不仅提高了隧道运营的安全性和便利性，也为后续维修养护创造了条件。当然，附属设施的布置不能影响隧道衬砌的整体性和耐久性，需要在综合权衡的基础上优化设计。除了硬件设施外，隧道衬砌在环保、景观、人性化等方面的功能也日益受到重视。例如，在隧道衬砌表面进行装饰美化，营造良好的视觉效果；选用低碳环保的隧道衬砌材料，减少隧道全寿命周期的能耗和排放；优化隧道线形和净空，提升行车舒适性和安全性。可以预见，隧道衬砌的功能必将随着时代发展而不断拓展，以满足人们更高层次的需求。

（二）隧道支护

隧道支护作为隧道施工中的关键环节，对于确保隧道结构安全、施工顺利进行具有重要意义。隧道支护的主要作用是控制围岩变形，维护隧道开挖面的稳定，防止围岩坍塌和过大变形。同时，隧道支护还需要与隧道衬砌结构相互配合，共同承担永久荷载，保证隧道结构的长期稳定性和安全性。

隧道支护的设计需要综合考虑隧道所处的地质条件、埋深、开挖方法等因素。对于不同的地质条件，需要采用不同类型的支护方式。在软弱围岩中，支护需要及时跟进掌子面，控制围岩松动范围；在坚硬完整的围岩中，支护可以适当简化。常见的隧道支护方式包括锚杆支护、挂钢筋网喷射混凝土支护、钢拱架支护等。锚杆支护通过锚固力将松动围岩锚固在稳定岩层上，提高围岩的整体性和抗剪强度。挂钢筋网喷射混凝土支护可以形成封闭的支护环，阻止围岩风化和掉块，并与围岩共同受力。钢拱架支护适用于围岩条件较差、变形较大的地段，通过钢拱架的支撑力来限制围岩变形。

在实际施工中，隧道支护还需要与监控量测密切结合。通过监测围岩变形、支护结构受力状态等指标，及时掌握隧道施工状态，优化支护参数，确保施工安全。例如，当监测发现围岩变形速率过大时，需要及时补强支护或调整开挖方式；当监测发现支护结构应力过高时，则需要及时采取卸载措施，避免支护结构破坏。

此外，隧道支护施工还需要严格遵循施工工艺流程，加强质量控制。支护材料需要满足设计要求和规范标准，施工操作需要规范到位。例如：锚杆施工需要严格控制钻孔质量、锚杆安装角度、注浆饱满度等关键因素；挂钢筋网喷射混凝土支护需要控制钢筋网铺设密实度、喷射混凝土厚度和强度等指标。只有严把材料关、工艺关，才能确保支护结构的施工质量。

隧道支护设计和施工管理是一项复杂的系统工程，需要设计、施工、监理、业主等各方密切配合，共同把关。设计方需要充分论证支护方案的可行性和经济性，并为施工提供详细的技术指导；施工方需要严格按照设计要求和规范标准组织施工，加强过程控制和质量检验；监理方需要严把质量关，及时发现和处理施工缺陷；业主方需要加强组织协调，为施工创造良好条件。只有各方通力合作、各司其职，才能确保隧道支护的施工质量和安全。

（三）隧道排水系统

隧道排水系统是隧道工程建设和运营中的关键环节，其设计和施工质量直接关系到隧道结构的安全和使用寿命。隧道排水系统主要包括纵向排水系统和横向排水系统两大部分。纵向排水系统沿隧道纵向布置，由集水井、排水管道、检查井等设施组成，用于汇集和排出隧道内渗水及路面水。横向排水系统则布置在隧道底板下方，包括盲沟、排水盲管等，用于截获和疏导地下水，防止其渗入隧道。

隧道排水系统的设计需要综合考虑诸多因素，如隧道所处地形地貌、水文地质条件、施工工艺、运营需求等。在进行方案选择时，设计人员需要在满足排水功能的前提下，兼顾施工便利性、经济合理性、环境协调性等要求。例如，在地下水丰富的区域，可采用纵向排水与横向排水相结合的方式，设置集水井和排水盲管，形成立体化的排水网络；而在地下水较少的区段，则可简化排水设施，以降低工程造价。

隧道排水系统施工需严格按照设计图纸和施工规范进行，加强质量控制和技术管理。施工单位应编制详细的施工方案，合理安排施工工序，确保排水设施的施工质量和排水功能的实现。在施工过程中，应重点做好以下工作：第一，集水井、检查井等主要构筑物的砌筑，要求砌筑砂浆饱满，勾缝密实，内壁光滑平整；第二，排水管道的铺设，应控制好管道基础的压实度和平整度，管道连接要严密牢固，管道闭水试验合格；第三，回填材料的选择和填筑，应采用透水性能良好的砂砾石料，分层填筑，分层夯实，严禁使用含泥量高的土料。

隧道排水系统投入使用后，还需加强日常养护和定期检查，及时清淤疏浚，保证排水畅通。一旦发现排水设施损坏、堵塞等问题，要及时采取修复、更换等措施，避免对隧道结构安全和使用功能造成不利影响。同时，隧道管理部门应建立完善的排水系统档案，详细记录排水设施的类型、数量、分布位置、施工质量、维修养护等信息，为后续监测评估和养护决策提供可靠依据。

隧道排水系统作为隧道工程不可或缺的组成部分，其设计施工水平和运行效果直接影响到隧道的安全耐久性和使用舒适性。只有科学设计，精心施工，加强管理，才能充分发挥隧道排水系统的作用，确保隧道工程的整体质量和效益。这不仅是隧道工程建设的客观要求，更是保障广大人民群众生命财产安全、服务经济社会发展的重要基础。

第二节　隧道施工基本技术

一、隧道开挖技术

（一）爆破开挖技术

爆破开挖技术是隧道施工中常用且高效的开挖方法之一。它利用炸药在短时间内释放出巨大的能量，将坚硬的岩石瞬间粉碎，从而实现快速掘进的目的。与其他开挖技术相比，爆破开挖具有施工速度快、适用范围广、成本相对较低等优点，因此在隧道工程中得到了广泛应用。然而，爆破开挖也存在一定的局限性和风险性。由于炸药的巨大威力，爆破作业如果控制不当，极易对周围环境和建筑物造成破坏，引发安全事故。同时，爆破震动和噪声也会对周边居民的生活造成影响。因此，在采用爆破开挖技术时，必须严格遵守相关规范和操作规程，采取有效的防护措施，确保施工安全和对环境的保护。

为了发挥爆破开挖技术的最大效用，减少其负面影响，施工单位需要在设计阶段对爆破参数进行精细化设计。这包括炸药类型和用量、装药结构、起爆网络、掏槽位置等关键要素的优化选择。通过科学合理的爆破设计，可以实现岩石的高效破碎，减少超挖欠挖，控制飞石和震动，从而保证开挖质量和施工安全。在实际操作中，施工人员还需要严格按照设计方案进行装药和起爆，密切监测爆破效果，及时优化和调整爆破参数，以适应不同地质条件下的施工需求。

此外，为了进一步提升爆破开挖的科学性和精准性，一些先进的技术和装备也在隧道施工中得到应用。例如，电子雷管可以实现毫秒级的延时控制，形成精确的起爆时序,从而优化爆破效果;激光断面仪可以快速扫描隧道轮廓,为爆破参数优化提供数据支撑;电子围岩监测系统可以实时监测隧道围岩变形和应力变化,为爆破施工提供安全预警。这些技术手段的应用,使得爆破开挖更加智能化、精细化,大大提高了隧道施工的效率和质量。

(二)机械开挖技术

机械开挖技术的应用极大地提高了隧道施工效率和质量。与传统的爆破开挖技术和人工开挖技术相比,机械开挖技术有安全可靠、高效快捷、环境友好等突出优势。目前,隧道工程广泛采用隧道掘进机、敞开式掘进机等大型设备进行掘进作业,实现了隧道开挖的机械化、自动化。

隧道掘进机(tunnel boring machine,TBM)是隧道施工机械化的代表性设备。它集切削、出渣、初期支护等多功能于一体,能够在复杂地质条件下实现隧道的连续掘进。TBM 掘进效率高,且施工安全、对周围环境干扰小。对于长大隧道和城市地下隧道,采用 TBM 施工已经成为主流技术选择。我国引进消化吸收再创新,研制出多种适合国内复杂地质的 TBM,如复合盾构、泥水平衡盾构等,在诸多重大隧道工程中发挥了重要作用。

但 TBM 造价昂贵,施工工艺要求高,国内有经验的掘进机操作技术人员偏少。在一些技术经济条件不具备的隧道工程中,还不宜盲目采用 TBM。为此,科研人员开发了一些小型化、模块化的隧道掘进机械,在中小型隧道中取得了较好的工程应用。如多轴掘进机、连续掘进机等,兼顾施工效率和成本,为隧道建设提供了新的选择。

敞开式掘进也是隧道施工常用的机械化方法。铲运机、挖掘机等设备可灵活作业于隧道掌子面,快速完成开挖、装载、运输等工序,尤其适用于岩质隧道施工。与 TBM 相比,敞开式掘进机造价低、机动灵活,能够因地制宜地满足各种断面形式和跨度的隧道施工需求。但敞开式掘进机对操作人员的技能要求较高,安全风险和劳动强度大于 TBM,需要严格遵守安全操作规程。

机械开挖还包括各类辅助设备,如锚杆钻机、喷浆机械、衬砌台车等,为隧道施工提供支护、防排水,以及内衬结构施工等配套机械化手段。综合运用多种机械化设备和施工工艺,不仅能优化施工方案、缩短工期、降低成本,更能促进隧道工程建设的专业化、规范化、标准化,从而实现质量、安全、效益的统一。

当然,机械化施工也对现场管理、技术工人的协调配合提出了更高要求。建设单位和施工单位既要加大资金投入,引进先进适用的机械化施工装备,又要重视人才培养,提高一线操作人员的业务技能和综合素质。同时,还应加强机械设备的维护和保养，建立健全机械化施工的管理制度和操作规程，确保机械设备高效发挥作用。

机械化是隧道工程的大势所趋。随着建设规模不断扩大，施工环境日趋复杂，传统的人工操作已不能完全适应现代隧道工程的要求。深入推进隧道施工机械化，是确保工程进度、质量和安全的必由之路。这不仅需要先进制造技术的支撑，更离不开科学管理方法的创新，以及大量高素质专业人才的培养。未来，智能化、信息化将与机械化深度融合，促进隧道施工技术的新一轮变革。唯有加强基础科学研究，加快科技创新步伐，才能推动我国隧道工程建设实现高质量发展，跻身世界隧道强国行列。

（三）人工开挖技术

人工开挖技术是隧道施工中最为传统、最为基础的一种施工方法。尽管随着科技的进步，机械化、自动化程度不断提高，但在某些特殊地质条件或狭窄空间下，人工开挖仍然发挥着不可替代的作用。人工开挖的适用范围广泛，无论是在岩石、土壤还是混合地层中，都能够灵活应用。特别是在一些地质情况复杂、断层破碎带频繁出现的隧道工程中，人工开挖往往成为首选的施工方案。

人工开挖的一大优势在于其灵活性。与机械化施工不同，人工作业可以根据现场实际情况随时调整作业方式和进度，能够更好地应对地质条件的变化。当遇到岩石硬度突变、节理裂隙发育等情况时，工人可以及时调整炮眼布置、装药量等爆破参数，确保开挖质量和施工安全。同时，在一些断面尺寸较小、空间狭窄的隧道中，大型机械设备难以展开，人工作业则成了唯一选择。灵活机动的人工开挖能够最大限度地利用有限空间，保证施工顺利进行。

为了发挥人工开挖的优势，施工单位需要重视对工人的培训和管理。开挖隧道是一项高风险、高强度的作业，对工人的技术水平和安全意识提出了较高要求。施工单位应定期组织安全教育和技能培训，提高工人的自我保护意识和应急处置能力。同时，还要加强现场管理，严格执行安全生产规程，配备必要的防护设施，为一线作业人员营造安全、舒适的工作环境。只有工人的综合素质得到提升，人工开挖的效率和质量才能得到保证。

人工开挖虽然具有诸多优点，但也存在一定的局限性。由于受到人力资源的限制，人工作业的效率往往难以与机械化施工相比。在工期紧、任务重的工程中，过度依赖人工开挖可能导致进度滞后，影响整体施工计划。此外，人工作业的劳动强度大，长期从事地下作业对工人的身心健康也会产生一定影响。因此，在实际施工中，应根据具体情况合理选择人工开挖与机械化施工的比例，既要发挥人工作业的灵活性优势,又要注重机械设备的效率提升作用,实现两种方式的优势互补。

除了人力和机械的合理配比外,新技术、新工艺的应用也是提升人工开挖效率和质量的重要途径。例如,引入喷射混凝土湿喷机械手,可以在人工开挖面及时进行初期支护,减少掉块、塌方等风险;采用新型凿岩台车,能够提高钻孔效率,减轻工人劳动强度;应用摄像监控系统,可以实现开挖面的实时监测和安全预警。这些新技术的运用,为人工开挖创造了更加安全、高效的施工条件,有力推动了隧道工程的高质量发展。

二、隧道支护技术

(一)锚杆支护

锚杆支护是隧道施工中一种重要的初期支护措施。它通过向洞壁内打入预应力锚杆,并与喷射混凝土或钢筋网相配合,形成一个整体受力结构,从而提高洞壁的稳定性,防止围岩变形和坍塌。经过几十年的发展,锚杆支护技术日趋成熟,已成为现代隧道工程不可或缺的关键技术之一。

从作用机理上看,锚杆支护通过以下四个方面发挥作用。一是锚固效应。即锚杆深入围岩稳定层,通过注浆或机械连接方式与围岩紧密结合,增强围岩自身的承载能力;二是悬吊效应。锚杆与洞壁喷射混凝土或钢筋网相连,形成整体受力结构,将松动围岩悬吊于稳定围岩之上,防止其垮塌;三是针固效应。锚杆穿过节理、裂隙发育带,限制节理面的错动和张开,提高围岩整体强度;四是支撑效应。锚杆在围岩变形过程中产生抗拉、抗剪作用,对围岩起到支撑作用。

从锚杆类型上看,常用的锚杆可分为树脂锚杆、膨胀锚杆、注浆锚杆等。树脂锚杆通过树脂胶泥实现锚固,具有锚固可靠、施工方便的优点;膨胀锚杆依靠机械作用与锚孔壁锚固,适用于坚硬完整的岩层;注浆锚杆则利用水泥浆液填充锚孔,适用于破碎软弱的围岩。此外,自进式锚杆、中空注浆锚杆等新型锚杆也逐渐得到应用。不同类型的锚杆在锚固机理、受力特点、适用条件等方面各有特色,需要根据工程实际情况合理选用。

从施工工艺上看,锚杆支护施工一般包括锚杆制作、锚孔钻进、锚杆安装、注浆或锚固等环节。其中,锚孔钻进质量直接关系到锚杆支护效果,应严格控制钻孔偏斜度、孔径、孔深等参数,确保锚杆具有足够的锚固长度。锚杆安装时,要对锚杆进行除锈、刷漆等防腐处理,保证其耐久性。注浆或锚固则是提高锚杆锚固强度的关键,要采用合适的注浆材料和工艺,控制注浆压力和时间,防止注浆不饱满或外溢等质量问题。

此外，锚杆支护设计也是保证施工质量的重要环节。设计时应详细勘察工程地质条件，分析围岩特性和稳定状况，结合施工方法、支护时机等因素，合理确定锚杆规格、长度、间距、倾角等参数。同时，还要考虑锚杆支护与其他支护措施（如钢拱架、喷射混凝土）的配合，优化支护方案。对于复杂地质条件下的隧道工程，还可采用数值模拟等手段辅助设计，提高支护的针对性和可靠性。

质量控制是锚杆支护施工的重中之重。施工中应建立完善的质量管理体系，严格材料进场检验、工序验收和成品保护。锚杆的规格、力学性能必须满足设计要求；安装位置、间距、倾角等必须符合规范标准；注浆质量要通过无损检测或锚杆拉拔试验进行评估。发现质量缺陷，要及时分析原因，采取有效的整改措施。同时，还应做好锚杆支护的监测工作，跟踪围岩变形、应力状态等信息，评价支护效果，指导后续施工。

（二）喷射混凝土支护

喷射混凝土支护是隧道施工中常用的一种初期支护方式，在隧道围岩稳定性较差、易发生坍塌的地质条件下发挥着重要作用。它通过高压喷射将水泥基材料喷涂在隧道壁面上，快速形成一层高强度、无缝的混凝土保护层，其可以有效控制围岩变形，防止坍塌和掉块，为后续施工创造安全条件。

喷射混凝土支护的材料选择至关重要。通常采用早强、高强度的水泥基材料，以保证支护体在短时间内达到所需强度。同时，根据不同地质条件和施工要求，还可掺入一定比例的外加剂，如速凝剂、减水剂等，以改善喷射混凝土的和易性、黏结性和抗渗性。此外，喷射混凝土中还可加入钢纤维等增强材料，进一步提高其抗拉强度和韧性，增强支护结构的整体性能。

喷射混凝土支护的施工质量控制是确保支护效果的关键。首先，要严格控制原材料质量，选用合格的水泥、骨料和外加剂，并进行必要的性能检测。其次，要优化配合比设计，根据围岩条件和受力特点，合理确定水灰比、掺量等参数，并通过试验验证其可行性。再次，要加强施工过程管理，严格控制喷射角度、距离和厚度，确保喷层密实均匀、不漏喷、不离析。最后，要做好施工后的养护工作，保持适宜的温湿度条件，防止喷层开裂和脱落。

喷射混凝土支护技术在隧道施工中的应用日益广泛。一方面，随着隧道建设规模的不断扩大，尤其是在复杂地质条件下修建长大隧道，传统的钢拱架等支护方式已难以满足快速施工和安全防护的需求，喷射混凝土支护凭借其施工便捷、支护及时等优势得到越来越多的青睐。另一方面，喷射混凝土支护技术本身也在不断创新发展。例如：引入湿喷工艺提高了喷射混凝土的黏结力和强度；采用自动化、智能化设备提升了施工效率和精度；优化喷层厚度和钢筋布置方案提高了支护结构的经济性。这些创新成果使得喷射混凝土支护能够更好地适应不同工程需求，发挥更大的技术和经济效益。

（三）钢拱架支护

钢拱架支护是隧道施工中一种重要的初期支护方式，在不良地质条件下具有其独特的优势。与锚杆、喷射混凝土等支护方式相比，钢拱架能够更好地适应围岩变形，控制围岩松动圈的发展，保证隧道掌子面及拱部的稳定性。同时，钢拱架的柔性特征使其能够与围岩共同承担荷载，实现应力的重新分布，避免应力过于集中而导致局部破损。

选择合适的钢拱架类型是实现高效支护的前提。常见的钢拱架类型包括工字钢钢架、矩形钢架、格栅钢架等。其中，工字钢钢架凭借其截面惯性矩大、抗弯曲能力强等特点，在软弱围岩中得到广泛应用。矩形钢架具有构件简单、便于加工和安装的优势，适用于一般地质条件下的隧道工程。而格栅钢架则通过增加纵向连接件，提高了整体刚度和抗扭能力，在复杂地质条件下展现出良好的适应性。

钢拱架支护的施工工艺直接影响支护效果。首先，应严格控制钢拱架加工误差，确保构件尺寸精度。钢拱架多采用工地现场加工，需要专业技术人员进行放样、下料和焊接，并对成品质量进行检验。其次，钢拱架安装必须与开挖进度相匹配，及时跟进支护，防止围岩松动和坍塌。安装时要确保钢拱架位置准确，节点连接牢固，与周围喷射混凝土或锚杆支护体系相互协调。最后，钢拱架与围岩之间应该填充垫块，以保证其受力均匀，防止应力集中。

钢拱架支护虽然具有诸多优点，但在实际应用中仍需注意以下问题。一方面，钢拱架属于被动支护，无法实现超前支护，因此在地质条件复杂、易发生大变形的隧道段，还需辅以超前小导管、超前帷幕注浆等措施，综合治理围岩，控制变形。另一方面，钢拱架自身质量较重，运输和安装不便，施工成本相对较高。因此，在选用钢拱架支护时，应充分考虑工程实际情况，权衡利弊，以达到安全、经济、高效的目的。

近年来，新型钢拱架支护技术不断涌现，为隧道施工提供了更多选择。如可伸缩钢拱架能够适应不同开挖断面，减少加工种类；组合式钢拱架通过标准化构件现场拼装，提高了施工效率；预应力钢拱架则利用预应力原理，主动约束围岩变形，改善了支护效果。这些技术创新为钢拱架支护的发展注入了新的活力。

三、隧道防水与排水技术

（一）防水材料选择

隧道施工中的防水材料选择直接关系到工程质量和使用寿命。科学合理地选用防水材料，是确保隧道防水性能、减少渗漏问题的关键。在选择隧道防水材料时，需要充分考虑隧道所处的地质条件、水文环境、施工工艺等因素，结合材料自身的物理化学性能、施工便捷性、经济性等进行综合评估。

目前，隧道防水材料主要包括防水卷材、防水涂料、防水片材等几大类。防水卷材具有良好的柔韧性、抗拉强度和防水性，施工便捷，广泛应用于隧道工程中。常见的防水卷材有沥青基防水卷材、高分子防水卷材等。沥青基防水卷材以沥青为主要原料，具有优异的防水性能和耐久性，但低温柔性较差。高分子防水卷材以 SBS 改性沥青、热塑性聚烯烃（thermoplastic polyolefin，TPO）等高分子材料为主要原料，具有优异的低温柔性和抗老化性能，已成为隧道防水的首选材料之一。

防水涂料包括水泥基防水涂料、聚合物防水涂料、聚脲防水涂料等，具有无接缝、施工便捷、与基体黏结力强等优点。水泥基防水涂料以水泥为主要胶凝材料，价格低廉，但抗裂性能较差。聚合物防水涂料以丙烯酸酯、SBS 等高分子乳液为主要原料，具有优异的柔韧性和耐久性。聚脲防水涂料以异氰酸酯和胺类为主要原料，具有极高的强度和伸长率，耐磨性、耐腐蚀性能优异，但价格较高。

防水片材主要包括乙烯-醋酸乙烯共聚物（EVA）防水板、PVC 防水板、乙烯-丙烯共聚物（ECB）防水板等，具有优异的防水性能、抗老化性能和耐腐蚀性能，在高水压、高地下水位的隧道工程中应用广泛。其中，EVA 防水板以乙烯-醋酸乙烯共聚物为主要原料，具有优异的柔韧性和抗穿刺性能。PVC 防水板以聚氯乙烯为主要原料，具有良好的抗拉强度和延展性。ECB 防水板以乙烯-丙烯共聚物为主要原料，具有优异的抗老化性能和耐化学腐蚀性能。

在选择隧道防水材料时，还需要重点关注材料的环保性和耐久性。一些防水材料在生产和使用过程中可能释放有害物质，对人体健康和生态环境造成危害。因此，应优先选择无毒无害、对环境友好的绿色防水材料。同时，隧道防水材料需要在复杂多变的环境中长期使用，必须具备优异的耐久性。耐久性差的防水材料容易出现老化、开裂等问题，失去防水功能，带来严重的质量隐患。

隧道的防水设计应坚持"以防为主、防排结合"的原则，在做好防水材料选择的基础上，还需要优化排水系统设计，提高防水体系的可靠性和完整性。例如，在防水卷材或涂料层与隧道衬砌之间设置刚性防水层，阻断水的渗透；在仰拱、边墙等关键部位增设防水排水措施，及时排出渗水；在变形缝、施工缝等易发生渗漏的部位，采用防水止水带、遇水膨胀止水条等辅助防水材料，提升防水性能。

（二）排水系统设计

隧道排水系统设计是保障隧道安全运营的关键环节，它直接影响着隧道结构的耐久性和使用寿命。科学合理的排水系统不仅能够有效防止地下水和地表水对隧道结构的侵蚀，还能最大限度地降低因排水不畅而引发的安全事故风险。因此，在隧道设计和施工过程中，必须高度重视排水系统的规划与设计，严格遵循相关技术规范和标准，确保排水系统的可靠性和有效性。

隧道排水系统设计应遵循"预防为主、排治结合"的基本原则。一方面，要通过合理布置截水沟、仰拱排水沟等截排水设施，最大限度地减少地下水和地表水进入隧道的可能性。另一方面，对于已经渗入隧道的水，要通过敷设盲沟、纵向排水管等快速排放，避免积水对隧道结构造成损害。同时，排水系统的设计还应充分考虑隧道所处的地质条件、气候特征、施工工艺等因素，因地制宜地选择排水方案。

在具体设计中，隧道排水系统通常由截水系统、集水系统和排水系统三部分组成。截水系统主要包括仰拱截水沟、边沟、背后截水墙等设施，其作用是尽可能避免地下水渗入隧道内部。集水系统则由纵向盲沟、横向集水管等构成，负责汇集渗入隧道的水并快速引入排水系统。排水系统包括纵向排水管、检查井、集水井、泵站等设施，将汇集的水排出隧道。这三大系统相互配合、密切联系，共同构成了完整的隧道排水体系。

在截水系统设计中，应根据隧道埋深、地下水位、岩土性质等因素合理确定仰拱截水沟的断面形式和尺寸。一般情况下，对于埋深较浅的隧道，可采用矩形或梯形断面；而对于埋深较深、地下水丰富的隧道，则宜选用圆形或马蹄形断面，以提高截水能力。同时，还应在仰拱截水沟内设置止水带，进一步强化防水效果。

集水系统是连接截水系统和排水系统的纽带，其设计的合理性直接关系到排水效果。在布置集水设施时，应遵循"短流程、快排放"的原则，尽量缩短渗水在隧道内的停留时间。纵向盲沟可采用矩形或梯形断面，并在内部铺设透水性良好的碎石或砾石，以加快排水速度。横向集水管应选用耐腐蚀、耐压性能好的材料制作，并合理确定管径和布置间距，确保排水通畅。

排水系统是整个隧道排水体系的终端，其设计的可靠性和合理性至关重要。排水管应根据水量大小和排放要求选择适宜的材质和管径，并合理布置检查井、集水井等附属设施。对于长大隧道，还应设置必要的泵站，及时将汇集的水抽排至隧道外，避免排水系统受阻。此外，排水管的纵向坡度也是设计中需要重点考虑的因素，既要满足排水的需要，又要尽量减少对行车安全的影响。

除了以上主要设施外，隧道排水系统设计还应包括必要的监测和维护措施。应在隧道内布设渗漏水监测装置，实时掌握渗水情况，及时发现和处理排水异常。同时，还应制订完善的排水系统维护方案，定期对仰拱截水沟、横向集水管等设施进行清淤疏浚，确保其正常运行。只有建立长效机制，才能从根本上保障隧道排水系统的可靠性和安全性。

（三）防水层施工

隧道防水层施工是保证隧道工程质量和安全运营的关键环节。它直接关系到隧道结构的耐久性和稳定性，影响着隧道的正常使用和维护成本。因此，高质量的防水层施工不仅是技术问题，更是关乎工程全寿命周期效益的经济问题。

防水层施工要严格遵循"先地面、后初期支护、再二次衬砌"的基本原则。在隧道开挖和支护过程中，要注重防排水措施的落实，避免地下水和地表水大量渗入，为后续防水层施工创造有利条件。在初期支护和二次衬砌之间，要做好基面清理和处理工作，保证防水层能够与衬砌紧密黏结，发挥应有的防水性能。

材料选择是防水层施工的首要环节。常见的隧道防水材料包括防水板、防水涂料、防水卷材等。防水板具有良好的柔韧性和不透水性，施工工艺相对简单，广泛应用于隧道工程中。但其抗裂性和耐久性较差，在复杂地质条件下易出现破损。防水涂料具有无接缝、施工便捷等优点，但容易出现涂层不均匀、脱落等质量问题。防水卷材具有优异的抗拉伸性能和自愈合能力，能够适应衬砌变形，但施工工序较为复杂。因此，防水材料的选择要综合考虑隧道所处环境条件、衬砌类型以及工程造价等因素，选择最优的技术经济方案。

接缝处理是防水层施工的难点和重点。隧道衬砌往往存在大量施工缝和变形缝，这些部位极易成为渗漏水的通道。因此，在防水层施工过程中，要高度重视接缝部位的细部处理。一般采用丁基橡胶密封条、遇水膨胀止水条等辅助材料进行封堵，在接缝处增设搭接、压盖等防水措施，从而提高整个防水体系的可靠性。同时，要加强接缝部位的质量检验，严格控制接缝面的平整度和密实度，确保其达到设计和规范要求。

针固是保证防水层与衬砌充分黏结的有效手段。常见的针固方式有射钉针固和锚固板针固。射钉针固是利用射钉枪将特制的射钉射入衬砌内，并与防水层连接，从而提高防水层的抗剪切能力。这种方法操作简便、针固点分布均匀，适用于大面积的防水层施工。锚固板针固则是在衬砌上预埋锚固板，再与防水层搭接连接。这种方法针固强度高，抗剪切性能好，但施工工序相对复杂。针固方式的选择要根据衬砌类型、防水材料特性等因素综合考虑，确保防水层能够可靠地黏结在衬砌上，同时不影响衬砌的受力性能。

质量检验是防水层施工不可或缺的重要环节。防水层的施工质量直接决定了隧道工程能否实现长期安全运营。因此，要建立完善的质量检验体系，对防水层的各项性能指标进行严格控制。这包括防水材料的进场检验、施工过程中的自检和专项检验，以及施工完成后的终检和验收。要重点检查防水层厚度、平整度、黏结强度、接缝密实度等关键指标，对不合格的部位及时进行处理和修补。同时，要引入第三方检测和监理，客观评价防水层施工质量，确保工程的安全和可靠。

防水层的养护也不容忽视。在防水层施工完成后，要及时对其进行养生和成型，避免出现干裂、脱落等早期病害。要控制好养护温度和湿度，必要时可采取洒水、覆盖等措施，保证防水层能够在适宜的环境下凝结硬化。在后续施工中，要采取有效的保护措施，避免机械损伤和人为破坏，保护防水层的施工成果。

四、隧道衬砌技术

（一）初期支护

初期支护是隧道施工过程中的关键环节，其质量直接关系到隧道结构的安全性和耐久性。初期支护通常采用喷射混凝土或钢筋混凝土浇筑而成，主要作用是及时封闭洞口，防止围岩松动和坍塌，为二次衬砌创造施工条件。与二次衬砌相比，初期支护对施工工艺和材料性能的要求更高，需要在复杂多变的地质条件下快速施工，确保初期支护的密实性和均匀性。

喷射混凝土是初期支护的主要施工方法之一。它是将水泥、骨料、外加剂等材料按照一定配比，用压缩空气通过喷射机喷射到洞壁岩面上，利用高速喷射使混凝土与岩面紧密黏结，快速硬化形成一层保护层。喷射混凝土施工具有速度快、厚度可控、与围岩贴合紧密等优点，适用于不良地质条件下的初期支护。但喷射混凝土也存在易产生回弹、易沉积、强度不易保证等问题，需要严格控制喷射工艺参数和材料质量。

钢筋混凝土浇筑是另一种常用的初期支护施工方法。与喷射混凝土相比，钢筋混凝土衬砌强度更高、结构更加均匀密实，抗渗性和耐久性更好。但钢筋混凝土衬砌施工工序复杂，需要先架设钢筋骨架，再搭设模板，然后浇筑混凝土，最后拆模养护，施工周期较长，成本较高。因此，钢筋混凝土浇筑多用于对初期支护质量要求较高的重要隧道或特殊地质条件下。

无论采用何种初期支护施工方法，都必须严格遵循施工规范和质量控制要求。施工前，要根据工程地质条件、断面尺寸、支护类型等因素，优化初期支护的结构形式和配筋方案，合理选择施工材料和配合比。施工过程中，要加强现场管理和技术指导，做好岩面清理、基面处理、钢筋绑扎、模板安装、混凝土拌和等各道工序，确保施工质量。同时，还要做好施工监测，及时掌握初期支护受力状态和变形趋势，发现问题及时处理。施工后，要按照规范要求进行养护，保证初期支护强度和耐久性。

此外，初期支护施工还要注重环境保护和安全文明施工。隧道施工不可避免地会产生噪声、粉尘、废水对周边环境造成影响，需要采取相应的防护措施，最大限度地减少对周边居民和生态环境的干扰。施工现场还存在坍塌、触电、火灾等安全风险，必须严格执行安全生产制度，加强安全技术交底和安全教育培训，配备必要的安全防护设施，避免各类生产安全事故的发生。

（二）二次衬砌

二次衬砌是隧道工程建设中的一个重要环节，其施工质量直接关系到隧道结构的安全性、耐久性和使用寿命。与初期支护相比，二次衬砌承担着隧道长期受力和防水的重任，因此必须严格控制其施工工艺和质量标准。

二次衬砌通常采用钢筋混凝土浇筑而成。在浇筑二次衬砌之前，需要对初期支护表面进行清理和湿润，并设置好钢筋网片和预埋件。为了保证二次衬砌混凝土的密实度和均匀性，通常采用立式振捣器和平板振动器联合振捣的方式。同时，为防止二次衬砌开裂，应合理控制混凝土的入仓温度和浇筑速度，并及时进行养护。

模板是二次衬砌施工的关键工具，其精度和刚度直接影响到二次衬砌的外观质量和尺寸偏差。隧道二次衬砌多采用组合钢模板，由于隧道断面形状复杂多变，因此模板的设计和制作难度较大。一般情况下，模板需要根据隧道的平面线形和纵断面变化分段设计，并预留一定的调节余量。在模板安装过程中，要严格控制其位置和标高，确保分段接缝处的平顺过渡。

为保证二次衬砌混凝土的防水性能，需要在二次衬砌外侧设置防水层。常见的隧道防水层有刚性防水层和柔性防水层两种形式。刚性防水层多采用水泥基渗透结晶型防水涂料，通过涂刷或喷涂的方式形成一道致密的防水屏障。柔性防水层则多采用高分子合成材料，如EVA防水板、TPO防水卷材等。在铺设防水层时，要注意搭接宽度和焊接质量，在变形缝等薄弱部位做好加强处理，避免渗漏发生。

隧道二次衬砌的外观质量也是评判其施工水平的重要指标。影响二次衬砌外观的因素有很多，如模板平整度、振捣密实度、拆模时机、养护条件等。为确保二次衬砌的表面平整光洁，要选用高质量的模板和脱模剂，并及时修补蜂窝麻面等表面缺陷。对于有装饰要求的隧道，还需在二次衬砌表面进行喷射混凝土或贴瓷砖等饰面处理。

（三）衬砌材料

隧道衬砌材料的选择与质量控制是隧道施工的关键环节之一。衬砌材料直接关系到隧道结构的安全性、耐久性和使用寿命，因此必须严格把关，确保材料质量满足设计和规范要求。在隧道衬砌施工中，混凝土是常用的材料之一。优质的衬砌混凝土需要具备高强度、低渗透性、抗冻融性和抗侵蚀性等特点。为了获得这些性能，必须从源头抓起，对混凝土的原材料进行严格控制。

水泥作为衬砌混凝土的主要胶凝材料，其品质优劣直接影响衬砌混凝土的性能。在选用水泥时，应优先选择抗硫酸盐水泥、矿渣硅酸盐水泥等抗侵蚀性能优异的品种，提高衬砌混凝土的耐久性。同时，水泥的强度等级、凝结时间、安定性等指标也要符合规范要求，并应对进场水泥质量进行严格检验，杜绝不合格水泥进入施工现场。

骨料是衬砌混凝土的主要组成部分，其质量对衬砌混凝土的强度和耐久性有着至关重要的影响。粗骨料应选用质地坚硬、级配合理、含泥量低的碎石或卵石，并应对其进行压碎值、针片状颗粒含量、软石含量等关键指标的检测。细骨料则应选用含泥量低、颗粒级配良好的中砂，并控制其细度模数、石粉含量等参数。在骨料的运输和贮存过程中，还要采取有效措施防止骨料受到污染或级配发生改变。

掺合料和外加剂的使用可以显著改善衬砌混凝土的性能，但也可能带来一定的质量隐患。矿物掺合料如粉煤灰、矿渣粉等，可以提高混凝土的和易性、抗渗性和抗侵蚀性，但掺量不宜过大，否则会降低衬砌混凝土的早期强度。化学外加剂如减水剂、引气剂等，可以改善衬砌混凝土的工作性能，降低水泥用量，提高抗冻融性能，但必须严格控制外加剂的掺量和质量，避免掺入过量对衬砌混凝土产生不利影响。

衬砌混凝土配合比的设计是确保其质量的重要环节。配合比设计应在满足设计强度和耐久性要求的前提下，兼顾衬砌混凝土的和易性、泌水性、泵送性等施工性能。在初步配合比确定后，还应进行试验室配比和现场试拌，根据试验结果对配合比进行优化调整,直至满足各项技术要求。在施工过程中,还应定期进行配合比核查,发现问题及时纠偏,确保衬砌混凝土质量的稳定性。

模板和钢筋是隧道衬砌施工的重要辅材,其质量和规格直接影响衬砌结构的外观质量和内在性能。模板应具有足够的强度、刚度和尺寸稳定性,其表面应平整光洁,拼缝严密,安装牢固,并涂刷适量的脱模剂,以防止混凝土粘模。钢筋应选用符合设计要求的牌号、直径和强度,其表面应洁净无锈蚀,无油污和泥浆。钢筋加工应符合设计图纸和规范要求,并应对钢筋的规格、外观、力学性能进行检验,确保质量合格后方可使用。

五、隧道通风与照明技术

(一)隧道通风系统设计

隧道通风系统设计是隧道施工技术与质量控制中不可或缺的重要环节。科学合理的隧道通风系统设计不仅关系到施工人员的生命安全和健康,更直接影响隧道工程的施工进度、质量和使用功能。因此,掌握隧道通风系统设计的基本原理和方法,对于从事隧道工程建设的工程技术人员而言至关重要。

隧道通风系统设计的首要任务是确保隧道内部空气质量满足施工作业和人员健康的要求。在隧道施工过程中,各种机械设备的运转、爆破作业的进行都会产生大量的粉尘、有害气体和废热,如不及时排出,极易引发职业病,甚至导致人员中毒窒息。因此,通风系统必须具备强大的排风换气能力,将隧道内的污浊空气抽出,并源源不断地输送新鲜空气,以稀释有害物质的浓度,改善作业环境。一般而言,通风系统的风量应根据隧道断面面积、施工强度、设备功率等因素综合计算确定,并应留有一定的富余量,以应对特殊情况下的通风需求。

除了满足通风换气的基本需求外,隧道通风系统设计还应兼顾节能环保和经济适用的原则。传统的隧道通风多采用大功率风机全时段运行的方式,存在能耗高、噪声大等问题。为了改善这一状况,现代化的通风系统往往采用智能化控制技术,根据隧道内部环境参数的变化,自动调节风机的功率和运行时段,在保证通风质量的同时最大限度地降低能源消耗。同时,在选用通风设备时,还应优先考虑节能型、低噪声的产品,减少对环境的影响。对于一些风量需求较大的隧道项目,可采用分段通风的方式,缩短风机的输送距离,降低能耗和运行成本。

隧道通风系统的设计还应充分考虑施工工艺和安全防护的需求。例如,在进行爆破施工时,通风系统应能快速排出爆破产生的大量粉尘和有害气体,确保后续作业的安全进行。在特长隧道施工中,还应根据施工进度在隧道内设置多个通风平硐，缩短通风距离。同时，通风系统与其他隧道附属设施如照明、信号等也应协调配合，避免相互干扰。在系统选型时，还应考虑设备的可靠性、维护便利性等因素，确保其能够在恶劣的隧道环境中长期稳定运行。

隧道通风系统设计是一项复杂的系统工程，涉及通风、空气动力学、电气、自动化控制等多个学科领域。设计人员应全面掌握隧道施工工艺流程，深入了解不同岩土环境条件下的通风需求，综合应用多学科知识进行方案优化和系统集成。与此同时，隧道通风系统的设计还应紧跟行业前沿技术的发展步伐，借鉴国内外先进的实践经验，不断改进优化设计方法，以满足日益提高的隧道建设需求。

纵观国内外隧道工程的发展历程，先进、高效的通风系统设计始终是保障隧道施工安全、提高工程质量的关键因素。从早期的简易自然通风到机械通风，再到现代智能化通风控制系统的应用，隧道通风技术不断革新，有力推动了隧道工程建设水平的提升。当前，随着复杂山岭、海底隧道等特殊环境隧道工程的日益增多，对通风系统的设计提出了更高的要求。这就需要广大工程技术人员不断钻研业务，开拓创新，以先进的设计理念和科学的技术手段，优化隧道通风系统，为隧道工程建设保驾护航。

（二）隧道照明设备选择

隧道照明设备的选择是隧道施工技术与质量控制的重要环节。科学合理的照明设计不仅关系到隧道运营安全，更影响着驾驶人的视觉体验和行车舒适度。在选择隧道照明设备时，需要综合考虑诸多因素，如照明效果、能耗水平、维护成本、环境适应性等。

就照明效果而言，隧道照明应满足行车安全和视觉舒适的双重需求。一方面，照明亮度和均匀度要达到相关标准，确保驾驶人在隧道内外光线变化较大时，眼睛能够快速适应，避免产生"黑洞效应"。另一方面，灯光的显色性和光色舒适度也不容忽视。显色指数高、光色适中的照明环境，有助于缓解驾驶人的视觉疲劳，提升行车体验。因此，优质的隧道照明设备应具备高亮度、高均匀度、高显色性的特点。

能耗水平是评价隧道照明设备的另一项重要指标。隧道内部环境相对封闭，照明系统常年运行，耗电量巨大。选用高效节能的光源和灯具，不仅能够减少电力资源的浪费，降低运营成本，而且更符合绿色发展、低碳环保的时代要求。当前，LED光源以其高光效、长寿命、低功耗的优势，在隧道照明领域得到广泛应用。相较于传统的高压钠灯、金卤灯等，LED灯具的节能效果更加显著。

维护成本也是选择隧道照明设备时不可忽视的因素。由于隧道环境湿度大、污染重，灯具的清洁和维修工作面临诸多挑战。频繁的维护不仅增加运营成本，还可能对交通造成不利影响。因此，隧道照明设备应具有较强的防潮、防尘、防腐蚀能力，以减少故障发生。同时，灯具的模块化设计也至关重要，易于安装、拆卸、更换的模块化部件，能够最大限度地缩短检修时间，提高维护效率。

隧道内部环境复杂多变，温度、湿度、压力等因素都与外界存在较大差异。照明设备如果不能适应这些特殊环境，其性能和寿命将大打折扣。因此，专为隧道环境设计的灯具，在材料选择、结构设计、防护等级等方面，都应满足更高的要求。耐高温、耐腐蚀的灯体材料，高密封性的灯具结构，再加上智能化的散热和监控系统，能够保障隧道照明设备的稳定运行。

事实上，隧道照明设计是一项系统工程，单纯选择高品质的照明设备还远远不够。科学的布灯方案、合理的照度标准、智能化的控制策略，同样影响着照明效果和能耗水平。设计人员需要充分考虑隧道的交通流量、车速、线形、断面等参数，平衡安全性、经济性、美观性等多方面因素，才能实现隧道照明设计的最优化。

随着智慧交通、智慧城市等概念的兴起，隧道照明也迎来了创新发展的机遇。增加了集成传感器、通信模块等物联网元素的智能照明系统，能够实时感知交通状况和环境参数，动态调节照明亮度，实现精准、高效的能源管理。此外，将隧道照明纳入整个交通网络的统一管理平台，通过大数据分析和远程控制，更能发挥照明系统的潜在价值。

（三）通风照明施工

隧道施工是公路建设中的重要环节，其中通风照明施工对于保障施工安全、改善作业环境、提高工程质量至关重要。随着隧道工程规模的不断扩大和技术的日新月异，通风照明施工也呈现出新的特点和趋势。精准设计通风照明方案是保证施工质量的前提。传统的通风照明设计往往采用经验公式和简化模型，难以充分考虑隧道的实际情况，导致通风效果不佳、照明不均匀等问题。为突破这一局限，设计人员应充分收集隧道的地质、气象、施工进度等数据，利用计算流体力学等先进技术，对隧道内的风场、温度场、光照度分布进行精细化模拟，优化通风机位置、风管布置、灯具选型等设计参数。同时，设计方案还应具有一定的灵活性和适应性，能够根据施工进展动态调整，满足不同阶段的通风照明需求。

科学施工是确保通风照明系统高效运行的关键。通风照明施工涉及土建、机电、自控等多个专业，施工工序复杂，协调难度大。为保证施工质量，项目部应编制详细的施工方案和技术交底，明确各专业的工作界面和衔接要求。在施工过程中，要加强测量放线、型钢加工、设备安装等关键环节的管控，确保洞内支护、风机基础、管路支架等结构尺寸准确、牢固可靠。针对不同施工阶段的特点，还应采取有针对性的技术措施。例如，在开挖施工阶段，可采用局部通风、湿式除尘等方式，控制粉尘污染；在衬砌施工阶段，可采用轴流风机、可伸缩风管等设备，实现通风系统的快速安装和拆除。

加强通风照明系统的运维管理是发挥其效能的有力保障。隧道施工环境恶劣，时间跨度长，对通风照明系统的可靠性和耐久性提出了较高要求。为此，项目部应建立健全运维管理制度，落实设备巡检、保养、维修等措施，及时发现和处置故障隐患。在实际运行中，还应根据现场监测数据，优化风机运行工况、调整照明时序，在满足施工需求的同时，最大限度地节约能源。此外，定期对作业人员开展通风照明知识和安全教育培训，提高其规范操作和应急处置能力，也是确保系统安全运行的重要举措。

第三节 隧道施工质量控制

一、隧道施工质量控制的基本原则

（一）质量优先原则

质量是隧道施工的核心和灵魂，是保证隧道工程安全、耐久、经济的基本要求。在隧道建设过程中，必须始终坚持"质量第一"的原则，将质量管理贯穿于施工的全过程和各个环节。这就要求施工单位建立健全质量管理体系，制定完善的质量管控措施，严格执行质量验收标准，确保隧道工程的整体质量。

具体来说，隧道施工质量管理应遵循"预防为主、过程控制、持续改进"的基本理念。在施工准备阶段，要根据设计文件和相关规范，编制详细的施工组织设计和质量管理计划，明确质量目标和控制要点。同时，要加强原材料、构配件等的进场检验，严把质量关。在施工过程中，要加大巡视检查力度，及时发现和处理质量隐患，坚决杜绝"带病施工"。对于关键工序和特殊部位，要进行旁站监理，确保施工质量满足要求。在竣工验收阶段，要按照相关标准开展质量评定，对不合格工程坚决返工或报废，绝不允许降低质量标准通过验收。

从隧道工程的特点来看，其施工质量管理应重点把控以下几个方面：一是围岩支护质量。隧道施工大多处于复杂的地质条件下，围岩稳定性直接关系到洞身安全和施工进度。因此，要严格控制钢拱架、锚杆、喷射混凝土等支护结构的施工质量，确保支护体系能够有效约束围岩变形，维护洞室稳定。二是衬砌质量。衬砌是隧道的永久受力结构，其施工质量的优劣直接决定了隧道的使用寿命。在衬砌施工过程中，要加强模板工程、钢筋绑扎、混凝土浇筑等环节的质量管控，严格控制衬砌厚度、强度等关键参数，确保其达到设计要求。三是防水工程质量。隧道渗漏水是影响运营安全和使用功能的重要质量通病，因此防水工程的施工质量至关重要。要根据设计要求和现场条件，选择合理的防水材料和施工工艺，加强施工过程控制和验收检查，有效降低渗漏水的发生概率。

此外，隧道施工质量管理还应重视以下几点：一是加强技术交底和培训教育，提高作业人员的质量意识和操作技能；二是强化工序质量自检，推行"三检制"，即自检、互检、交接检，保证质量问题在源头得到控制；三是建立质量问题快速反馈和协调处置机制，做到有报必检、有检必改、有改必复；四是完善质量激励约束制度，将质量管理绩效与项目绩效考核、个人薪酬福利等挂钩，充分调动全员参与质量管理的积极性。

（二）安全第一原则

在隧道施工中，安全第一原则是贯穿始终的基本原则和根本要求。隧道工程作为一项复杂的系统工程，涉及地质、水文、环境等多方面因素，施工过程中面临着诸多安全风险和不确定性。一旦发生安全事故，不仅会造成人员伤亡和经济损失，还会影响工程进度和社会稳定。因此，在隧道施工的全过程中，必须时刻将安全放在首位，把安全管理作为重中之重。

安全第一原则要求隧道施工的各个环节都要树立安全意识，建立健全安全管理体系。从施工准备阶段开始，就要进行全面的安全风险辨识和评估，制定科学合理的安全技术措施和应急预案。在施工过程中，要严格执行安全操作规程，加强安全教育培训，强化现场安全监督检查，及时排查和消除各类安全隐患。同时，还要注重培养全员的安全意识和责任心，形成人人讲安全、事事讲安全的良好氛围。

技术保障是落实安全第一原则的关键。隧道施工必须采用先进、成熟、可靠的施工工艺和设备，严格按照设计要求和规范标准组织施工。施工前，要对易发生安全问题的关键工序和特殊部位进行重点论证，选择最优的施工方案。施工中，要加强对支护结构、通风照明、监控量测等安全防护设施的管理和维护，确保其处于完好状态。一旦发现重大工程质量缺陷或安全隐患，要立即停工整改，消除隐患后方可复工。同时，要建立完善的安全生产应急救援机制，提高对突发事件的快速响应和处置能力。

组织保障是践行安全第一原则的重要支撑。隧道施工单位要建立"横向到边、纵向到底"的安全生产管理网络，明确各层级、各部门、各岗位的安全职责，做到责任落实到人。要加强对各参建单位的安全生产统一协调和管理，严格施工现场"三级教育"，提高从业人员的安全素质和技能。要定期组织安全检查和安全评价，及时发现和解决安全管理方面存在的问题。同时，要与地方政府、安全监管部门加强沟通协调，主动接受监督指导，争取各方支持。

制度保障是保证安全第一原则落到实处的制度基础。隧道施工单位要根据国家法律法规和行业标准，结合工程实际，建立健全安全生产责任制、安全技术操作规程、安全检查制度、安全教育培训制度、安全奖惩制度等一系列规章制度，做到有章可循、有据可依。要强化制度的刚性约束力，加大对违章指挥、违规作业、违反劳动纪律行为的问责和处罚力度，坚决杜绝人的不安全行为。同时，要注重发挥制度的导向激励作用，鼓励先进、树立典型，调动广大员工参与安全管理的积极性和创造性。

保障隧道施工安全，责任重大，使命光荣。只有始终坚持安全第一原则，强化安全意识，健全安全管理体系，完善安全技术措施，严格执行安全监督检查，才能有效防范和遏制安全生产事故，确保隧道工程建设的顺利推进。

（三）预防为主原则

在隧道施工质量控制体系中，预防为主原则是一项极其重要的基本原则。它强调在施工过程中应该始终秉持"防患于未然"的理念，将质量隐患消灭在萌芽状态，避免质量问题的发生。这一原则不仅能够有效提升隧道工程的施工质量，更能够最大限度地减少因质量缺陷导致的经济损失和工期延误。

预防为主原则的实施需要建立在全面质量管理的基础之上。项目参建各方应该树立"质量第一"的意识，将质量管理贯穿于隧道施工的全过程、各环节。在施工准备阶段，应该编制翔实可行的质量控制计划，明确质量目标、责任分工和控制措施。在施工过程中，要严格执行质量控制计划，加强对原材料、工艺流程、关键工序的监督检查，及时发现和纠正质量偏差。同时，还要重视隐蔽工程的质量验收，确保隐蔽部位的施工质量满足规范要求。

实现预防为主还需要加强质量风险管理。隧道工程施工复杂，涉及诸多不确定因素，如地质条件、环境影响、设备性能等，这些因素都可能引发质量风险。因此，项目管理团队应该运用风险辨识、风险评估等手段，全面识别和分析施工过程中的潜在质量风险，并制定有针对性的预防和应对措施。例如：针对复杂多变的地质条件，可以采用超前地质预报、监控量测等技术手段，及时掌握地质信息，优化施工方案；针对大型设备的故障风险，要制定完善的设备管理制度，加强设备维护保养，确保设备处于良好的运行状态。

培育"质量文化"是预防为主的必由之路。质量文化反映了组织内部的质量理念和价值追求，只有让追求质量成为每个员工的自觉行为，预防为主原则才能得到有效贯彻。企业应该通过培训教育、制度建设等方式，提升员工质量意识，帮助其认识到自身行为与工程质量之间的关联。同时，还要营造良好的质量氛围，鼓励员工主动参与质量改进，对在质量管理中表现突出的员工给予表彰和奖励。当全员形成"人人都是质量管理者"的共识时，质量预防理念才能内化于心、外化于行。

预防为主绝非一蹴而就，而是需要在隧道施工的方方面面进行长期不懈的努力。只有将预防理念渗透到质量管理的各个层面，并转化为切实有效的控制措施，才能从根本上杜绝质量问题的发生。这不仅需要企业上下的共同努力，更需要政府、行业协会等外部力量的支持和引导。只有多方协同发力，形成预防为主的质量管理合力，才能不断提升隧道施工的整体质量水平，促进隧道事业的可持续发展。

二、隧道施工质量控制的关键环节

（一）施工准备阶段

施工准备阶段是隧道工程质量控制的起点和基础。在这一阶段，建设单位、设计单位、施工单位、监理单位等各参建方需要通力合作，精心组织，为隧道工程的顺利实施奠定坚实基础。

施工图设计文件是指导隧道工程施工的重要依据。设计单位应根据工程的地质条件、建设规模、功能需求等因素，科学合理地编制施工图设计文件。图纸必须做到设计意图明确、表述准确、内容完整、深度适宜，能够满足施工和质量控制的需要。同时，设计单位还应与建设、施工、监理等单位保持密切沟通，及时解答施工中的疑难问题，确保设计的科学性和可行性。

合理编制施工组织设计是施工单位质量控制的重中之重。施工组织设计应以施工图设计文件为基础，结合工程实际，对施工方案、工艺流程、机械设备、人员配置、材料供应、进度安排等内容进行全面筹划。在编制过程中，施工单位要充分考虑隧道工程的特殊性和复杂性，针对可能出现的质量风险制定预防和应对措施。优秀的施工组织设计不仅能够指导施工活动的有序开展,而且能从源头上控制工程质量,防患于未然。

建立健全质量责任制是做好施工准备的重要保障。质量责任制是将质量责任落实到各参建单位和个人的一种管理制度。在施工准备阶段,建设单位应牵头组织各参建方签订质量责任书,明确各自在质量管理中的职责和义务。同时,还应建立奖惩机制,将质量责任与经济利益挂钩,调动参建各方的质量控制积极性。只有责任明晰、措施得力,质量控制工作才能真正落到实处。

强化质量意识教育是提升施工准备质量的内在要求。隧道工程施工涉及诸多专业和工种,参建人员的素质参差不齐。为了确保工程质量,施工单位必须加强对全体员工的质量意识教育。通过培训讲座、现场观摩、案例分析等多种形式,帮助员工深刻认识质量的重要性,掌握质量控制的基本方法,自觉树立"质量第一"的思想。只有人人都有质量意识,人人都重视质量,质量控制工作才能事半功倍。

做好原材料、构配件和设备质量控制是确保隧道工程整体质量的关键环节。施工单位应建立完善的材料、构配件和设备质量管理体系,从采购源头抓起,严把质量关。对于原材料,要控制采购渠道,选用信誉好、质量稳定的供应商,并通过见证取样、第三方检测等方式,对进场材料的质量严格把关。对于隧道专用构配件,如钢拱架、模板等,要按照设计要求定制,并对关键工序实施旁站监理,确保构配件质量满足施工需求。对于施工机械设备,要定期开展检查维护,及时更新淘汰落后设备,保证设备性能稳定,精度满足要求。原材料、构配件和设备质量的有效控制,是工程质量控制的源头和基础。

在施工准备阶段,还应重视劳务队伍的组织管理。隧道工程施工强度大、技术含量高,对作业人员的技能水平和责任心提出了较高要求。施工单位应根据工程规模和工期要求,科学合理地配置劳务队伍,优选技术过硬、经验丰富的作业班组。同时,还要加强对劳务人员的安全教育和技术培训,提高其自我保护意识和操作水平,并建立严格的奖惩制度,将其质量行为与切身利益挂钩。只有打造一支高素质的劳务队伍,才能为隧道工程优质高效实施提供人力保障。

质量控制成效的检验在于事前策划的周密性。施工单位应高度重视施工准备阶段的质量策划工作,制订详尽、可行的质量控制方案。质量控制方案应涵盖质量目标、组织管理、技术措施、检验标准、应急预案等各个方面,对质量控制的全过程进行系统筹划。同时,质量控制方案的制订应建立在充分调研和科学论证的基础之上,既要借鉴同类工程的成功经验,又要结合本工程的特点进行创新,确保方案的针对性和有效性。周密的质量策划，是施工准备阶段质量控制工作的纲领。

（二）施工过程控制

施工过程控制是隧道工程质量管理的核心环节，其重要性不言而喻。从施工准备阶段开始，每一个环节都需要严格把控，确保施工按照设计要求和规范标准有序进行。首先，施工技术方案的优化与选择至关重要。隧道施工涉及诸多复杂工序，如开挖、支护、防水、衬砌等，每一道工序都需要因地制宜地选择最佳施工方案。这就要求技术人员全面考虑地质条件、施工环境、工期要求等因素，通过反复论证和优化，确定科学合理的施工方案。

其次，原材料和设备质量的控制也不容忽视。隧道工程所用的混凝土、钢筋、防水材料等，都必须符合设计要求和国家标准，并经过严格的进场检验。施工设备如掘进机、运输车辆、通风设备等，也要定期维护保养，确保其性能稳定、精度满足要求。一旦原材料或设备出现质量问题，就可能导致工程质量隐患，后果不堪设想。

再次，施工过程中的关键工序更需要全过程、动态化管控。以开挖工序为例，施工人员要严格控制开挖进度和轮廓，避免超挖或欠挖。同时，要密切关注围岩变形、支护受力等信息，及时调整施工参数，确保开挖面稳定。而在支护施工阶段，支护材料的规格、数量、间距等都必须严格按照设计图纸执行，并控制好喷射混凝土的厚度和强度。任何一个细节的疏漏，都可能埋下质量隐患。

然后，隧道施工还需要应对诸多复杂环境因素。如地下水、高地应力、岩爆等，都可能对施工安全和工程质量造成威胁。这就需要施工管理人员增强风险意识，建立完善的监测预警机制。一旦发现异常情况，要第一时间采取应急措施，避免问题扩大化。同时，还要加强与设计、监理等单位的沟通协调，形成质量管理合力。

最后，隧道施工质量还与人的因素密切相关。这就要求加强对一线施工人员的技术培训和安全教育，提高其责任心和使命感。质量管理人员也要深入一线，及时发现和解决质量问题，而不能仅仅停留在表面的形式主义。只有人人都树立起质量第一的意识，才能从根本上保证隧道工程的施工质量。

（三）竣工验收阶段

隧道竣工验收是隧道建设全过程的最后一道关口，其质量控制的有效性直接关系到隧道工程的整体质量和使用安全。竣工验收阶段的质量控制应以全面性、系统性和规范性为原则，对隧道工程的各个方面进行细致入微的检查和评估，以确保工程达到设计和规范要求。

首先，竣工验收需要对隧道的线形、断面尺寸、结构外形等几何参数进行精密测量，并与设计图纸进行对比，确保偏差在允许范围内。任何超出公差的地方都应进行详细记录和分析，必要时需进行返工或补强处理。这一环节的质量控制对于保证隧道的行车安全和舒适度至关重要。

其次，隧道的结构安全性和耐久性是竣工验收的重点。通过对衬砌混凝土强度、钢筋保护层厚度等指标的抽样检测，以及对衬砌表面的观察，可以全面评估衬砌结构的质量情况。对于裂缝、蜂窝、露筋等常见质量缺陷，验收人员应有针对性地进行检查和记录。针对重大缺陷，要及时与设计、施工单位沟通，制定合理的处置方案。只有切实保障隧道结构的安全性和耐久性，才能为隧道的长期使用奠定坚实基础。

再次，隧道的防排水系统、照明、通风、消防等机电工程也是竣工验收的重要内容。验收人员要通过查阅设备出厂合格证、检测报告等资料，结合现场功能试验，来判断机电系统的安装质量和运行效果。例如：要重点检查隧道是否存在漏水、积水现象，防排水措施是否完备有效；照明系统是否达到设计标准，是否存在亮度不均、频闪等问题；通风系统是否满足行车要求，是否存在噪声大、风速不均等缺陷。只有确保各机电系统的正常运转，才能为隧道的安全运营提供可靠保障。

然后，隧道的路面、交通工程等也需在竣工验收中予以重视。路面的平整度、摩擦系数等指标关乎行车的安全性和舒适性，应严格按规范进行检测；交通标识、监控等设施的布设须符合规范要求，且不存在缺失、损坏等现象。全面细致地评估路面及交通工程质量，是保障隧道运营安全、提升通行效率的必然要求。

最后，竣工验收还应重视隧道的环境保护和景观效果。在确保隧道工程质量的同时，要检查施工单位的水土保持、边坡绿化等环保措施是否到位，是否最大限度地减少了对生态环境的影响。隧道出入口、辅助建筑的景观设计应与周边环境相协调，体现出隧道的整体形象和文化内涵。将隧道工程与生态文明、景观提升有机结合，是竣工验收不可忽视的重要内容。

三、隧道施工质量控制的技术手段

（一）监测技术

随着科技的飞速发展和信息化时代的到来，隧道工程建设正面临着前所未有的机遇和挑战。如何保障隧道工程质量，确保隧道使用安全，已成为业界关注的焦点。而在隧道施工质量控制中，监测技术的应用无疑发挥着至关重要的作用。

监测技术是隧道施工质量控制的重要手段。隧道施工过程中，地质条件复杂多变，涌水、塌方等突发事件时有发生，给施工安全和工程质量带来巨大风险。针对这些问题，监测技术可以实时、动态地掌握隧道变形、应力、位移等关键指标，为施工决策提供可靠依据。通过对监测数据的分析，工程技术人员能够及时发现质量隐患，并采取有效措施加以控制和处理，从而将质量风险降到最低。

具体而言，隧道施工监测主要包括变形监测、应力监测、位移监测等方面。变形监测是指对初期衬砌、二次衬砌等隧道结构进行变形观测，及时掌握其受力状态和稳定性。常用的变形监测方法有全站仪测量法、激光扫描法等。应力监测则是利用应变计、光纤传感器等设备，测量衬砌混凝土、锚杆等受力构件的应力变化，评估其承载能力和安全性能。位移监测主要针对隧道周边岩体，测量其位移量和位移速率，判断岩体稳定状况。这些监测数据为优化施工方案、指导现场施工提供了重要参考。

除了传统的监测手段，近年来，一些新兴技术在隧道监测中得到了广泛应用。例如，基于物联网的智能监测系统能够实现数据的自动采集、传输和处理，大大提高了监测效率和精度。三维激光扫描技术可以快速获取隧道内部的高精度三维模型，为质量检测和验收提供直观的数据支撑。而通过BIM技术与监测数据的融合，则可以实现工程信息的可视化管理，为质量问题的诊断和预警提供数字化手段。这些创新技术的应用，极大地拓展了隧道监测的广度和深度。

事实上，监测技术在隧道施工质量控制中的作用远不止于此。通过科学的监测设计和数据分析，可以揭示隧道工程的内在规律，优化设计方案，指导工艺改进。一些成功的工程案例表明，监测数据与设计、施工的良性互动，能够显著提升工程质量，降低安全风险，创造可观的经济和社会效益。可以说，监测技术已经成为现代隧道工程中不可或缺的质量保障手段。

展望未来，随着传感技术、大数据、人工智能等领域的持续进步，隧道工程监测必将迎来更加智能化、精细化、全周期化的发展趋势。这不仅要求我们进一步加强监测理论与方法的创新，更需要建立完善的质量监测管理体系，健全数据分析和应用机制，推动监测成果向工程建设全过程渗透。唯有如此，才能充分发挥监测技术在隧道施工质量控制中的引领和保障作用，推动我国隧道工程建设再上新台阶。

（二）信息化管理技术

信息化管理技术的引入，为隧道施工质量控制提供了全新的思路和手段。传统的质量管理方式往往依赖于人工经验和事后检查，难以实现全过程、全方位的实时监控。而信息化管理技术则通过先进的传感器、自动化设备和数字化平台，实现了对施工各环节的动态跟踪和精准把控，极大地提升了质量控制的针对性和实效性。

具体而言，在隧道施工准备阶段，BIM 技术的应用可以帮助技术人员精确建模，优化设计方案，提前发现并消除质量隐患。施工过程中，各类传感器实时采集现场数据，如围岩变形、支护受力、衬砌应力等关键指标，形成施工质量的动态画像。一旦发现异常，系统就会自动预警，为现场管理人员的及时决策提供依据。数字化平台则可以将分散的数据进行集成分析，挖掘其中蕴含的规律和趋势，为质量问题的诊断、预测和预防提供科学支撑。

此外，信息化管理技术还为质量追溯和责任划分提供了可靠保障。传统的质量管理中，隧道工程的建设周期长、参建单位多，一旦出现质量问题往往难以及时查明原因，更难以精确追责。而借助信息化手段构建的质量溯源体系，则可以将每个施工环节的原始数据、参与人员、工艺标准等关键信息进行关联存储，形成可追溯、可查询的质量档案。一旦发生质量纠纷，便可快速查明责任主体，避免扯皮推诿。

随着大数据、人工智能等前沿技术的不断发展，信息化管理技术将在质量控制领域发挥更大的作用。通过机器学习等算法，系统可以在海量历史数据中自主发现隐藏的质量风险因素，形成更加智能化的预警模型和决策支持系统。借助虚拟现实、增强现实等沉浸式技术，管理人员还可以远程"进入"施工现场，实现身临其境的质量监督和指导。

（三）施工工艺改进技术

施工工艺改进技术是隧道施工质量控制的重要技术手段。随着隧道建设规模与复杂程度的不断提升，传统的施工工艺已难以满足工程建设对质量、安全、进度的更高要求。因此，不断改进施工工艺，优化施工方案，已成为隧道施工单位提升核心竞争力的关键所在。

施工工艺改进的首要任务是优化开挖方式。传统的钻爆法虽然施工效率高，但易引起围岩扰动，诱发坍塌、初期支护变形等质量问题。为此，隧道施工单位应积极引进新型掘进机械，实现机械化、自动化开挖作业。这不仅能够显著提高施工效率，还能最大限度地减少对围岩的扰动，从源头上消灭质量隐患。同时，针对不同地质条件，应结合现场监测数据，及时调整掘进参数，优化施工组织，确保开挖施工的安全有序进行。

初期支护是隧道施工质量控制的关键环节。传统的钢拱架、钢筋网、喷射混凝土支护虽然已得到广泛应用，但存在施工效率低、结构自重大等问题。为此，隧道施工单位应大力推广新型初期支护技术，如格栅架、自进式台车等，提高支护施工的机械化水平。同时，应加强喷射混凝土配合比的优化设计，采用高性能外加剂，提高混凝土的早期强度和耐久性。针对不良地质条件，还应采用超前小导管、管棚等超前支护措施，有效控制围岩变形，确保支护结构的稳定性。

二次衬砌是保证隧道长期使用安全的重要屏障。传统的现浇混凝土衬砌虽然已得到广泛应用，但易出现裂缝、渗漏等质量通病。为此，隧道施工单位应积极引进新型衬砌施工工艺，如装配式衬砌、钢筋混凝土预制管片等，实现衬砌施工的工厂化、标准化。同时，应加强对衬砌混凝土的配合比设计和质量控制，提高混凝土的密实性和耐久性。在衬砌施工过程中，应严格控制混凝土的入模温度、振捣时间等关键工艺参数，确保衬砌结构的施工质量。

辅助工法是提升隧道施工质量的有力补充。针对突泥涌水、高地温等复杂地质条件，隧道施工单位应灵活采用冻结法、降水法等辅助工法，为后续施工创造有利条件。在辅助工法应用过程中，应加强现场监测，及时优化施工方案，确保辅助工法的针对性和有效性。同时，应高度重视辅助工法的环保治理，最大限度地减少对周边环境的影响。

信息化管理是推动隧道施工工艺改进的重要手段。隧道施工单位应积极构建基于BIM、物联网等技术的智慧工地管理平台，实现施工过程的可视化、智能化管控。利用该平台，施工单位不仅能够实时掌握现场施工进展，及时发现并解决质量隐患，还能通过大数据分析，优化资源配置，提高施工组织的科学性。此外，智慧工地管理平台还能为施工工艺优化提供数据支撑，通过工艺仿真、参数优选等手段，不断改进和创新施工工艺，提升隧道工程的建设品质。

隧道施工工艺改进是一项系统工程，需要调动勘察设计、施工、监理、科研等多方力量，形成合力。一方面，勘察设计单位应加强对隧道施工工艺的前瞻性研究，优化设计方案，为施工工艺改进提供技术支撑。另一方面，施工单位应强化与科研院所的产学研合作，充分利用高校、科研机构的人才和技术优势，加快新工艺、新技术的研发和应用。同时，还应高度重视对施工人员的技能培训和职业教育，提高一线作业人员的业务素质和操作技能，为施工工艺改进提供人才保障。

参考文献

[1] 罗春德，尹雪云，李文兴. 公路桥梁工程施工技术与养护管理 [M]. 长春：吉林科学技术出版社，2022.

[2] 胡文锋. 施工技术安全与管理研究 [M]. 长春：吉林科学技术出版社，2022.

[3] 王小靖. 公路工程施工技术 [M]. 北京：中国原子能出版社，2017.

[4] 曹国雄，孙江涛，李昌荣. 公路工程及交通安全设施施工与管理 [M]. 武汉：华中科技大学出版社，2021.

[5] 刘敦文. 停工复建高速公路建设项目质量评定 [M]. 北京：科学出版社，2016.

[6] 崔长宇. 公路桥梁施工中预应力技术施工质量控制 [J]. 中国住宅设施，2023（6）：163-165.

[7] 徐壬. 公路隧道施工技术及质量控制措施 [J]. 大众标准化，2023（12）：25-27.

[8] 边聪华. 论公路桥梁施工技术的质量控制 [J]. 大众标准化，2023（12）：31-33.

[9] 陈选国. 公路工程路面施工技术及质量控制措施探讨 [J]. 交通科技与管理，2023，4（12）：90-92.

[10] 曹正海. 公路桥梁施工中现浇箱梁施工技术研究 [J]. 运输经理世界，2023（13）：104-106.

[11] 李帅. 高速公路桥梁施工技术及质量控制 [J]. 工程建设与设计，2023（8）：177-179.

[12] 沈伟. 公路路基路面施工技术和质量控制对策探究 [J]. 工程建设与设计，2023（4）：118-120.

[13] 安桂萍. 公路路面施工技术要点及质量管理对策 [J]. 黑龙江交通科技，2023，46（2）：167-169.